星云说喻

丛书

般若心安住

时时检视时时反观，发愿做自己的主人

星云大师 著

中華書局

图书在版编目(CIP)数据

般若心安住/星云大师著. —北京:中华书局,2016.7
(星云说喻)
ISBN 978-7-101-11105-7

Ⅰ.般… Ⅱ.星… Ⅲ.佛教-人生哲学-通俗读物
Ⅳ.B948-49

中国版本图书馆CIP数据核字(2016)第043554号

书　　名	般若心安住
著　　者	星云大师
丛 书 名	星云说喻
责任编辑	方韶毅
出版发行	中华书局 (北京市丰台区太平桥西里38号 100073) http://www.zhbc.com.cn E-mail:zhbc@zhbc.com.cn
印　　刷	北京瑞古冠中印刷厂
版　　次	2016年7月北京第1版 2016年7月北京第1次印刷
规　　格	开本/889×1194毫米 1/32 印张7¾ 插页8 字数120千字
印　　数	1-8000册
国际书号	ISBN 978-7-101-11105-7
定　　价	39.00元

星雲

星云大师传略

大师生于一九二七年，江苏江都人。幼年家贫，辍学，因父母忙于家务，随外祖母长居多时。后卢沟桥中日战起，父或因战火罹难，与母寻父途中，有缘于南京栖霞山礼志开上人披剃，实际祖庭为江苏宜兴大觉寺。

一九四九年至台湾，大师担任台湾佛教讲习会教务主任，并主编《人生》杂志。一九六七年于高雄开创佛光山，树立“以文化弘扬佛法，以教育培养人才，以慈善福利社会，以共修净化人心”之宗旨，致力推动“人间佛教”，并融古汇今，手订规章制度，印行《佛光山清规手册》，将佛教带上现代化的新里程。

大师出家七十余年，于全球创建二百余所寺院，十六所佛教学院，二十三所美术馆、图书馆、出版社、书局等，相继成立育幼院、佛光精舍、慈悲基金会，捐献佛光中小学和佛光医院数十所，从事急难救助，育幼养老，扶弱济贫事业。

一九七六年大师创办《佛光学报》，翌年成立“佛光大藏经编修委员会”，主持编纂《佛光大藏经》及《佛光大辞典》。一九八八年成立佛光山文教基金会，主要致力于举办学术会议，出版学术论文集、期刊等。一九九七年主持出版《中国佛教经典宝藏精选白话版》一百三十二册、《佛光大辞典》光盘版，设立“佛光卫星电视台”(后更名为“人间卫视”)，并于台中协办广播电台。二〇〇〇年创办《人间福报》，是为第一份由佛教界发行的日报。

二〇〇一年，大师将发行二十余年的《普门》杂志转型为《普门学报》论文双月刊，收录海峡两岸有关佛学的硕、博士论文及世界各地汉文论文，辑成“法藏文库”《中国佛教学术论典》共一百一十册。二〇一三年，主持出版《世界佛教美术图说大辞典》二十卷册。二〇一四年主持出版《佛光大辞典》增订版、《献给旅行者365日——中华文化佛教宝典》以及《金玉满堂》人间佛教教材。

大师著作等身，撰有《释迦牟尼佛传》《佛教丛书》

《佛光教科书》《往事百语》《佛光祈愿文》《迷悟之间》《人间万事》《当代人心思潮》《人间佛教当代问题座谈会》《人间佛教系列》《人间佛教语录》《人间佛教论文集》《僧事百讲》《百年佛缘》等著作近百部，总计二千余万言，并被译成英、德、日、韩、西、葡等二十余种语言，流通世界各地。

大师教化弘广，有来自世界各地跟随出家之弟子两千余人，全球信众达数百万。大师一生弘扬人间佛教，对“欢喜与融合”“同体与共生”“尊重与包容”“平等与和平”“自然与生命”“圆满与自在”“公是与公非”“发心与发展”“自觉与行佛”等理念多所发扬。一九九一年成立国际佛光会，大师被推为世界总会会长，后于五大洲一百七十余个国家地区成立分会，成为全球华人最大的社团，实践“佛光普照三千界，法水长流五大洲”的理想。二〇〇三年，国际佛光会通过联合国审查，正式加入“联合国非政府组织”(NGO)。由于大师在文化、教育及关怀全人类之突出贡献，先后荣膺世界各大学颁赠荣誉博士学位多个，国际间获奖无数。

大师致力于中华文化复兴及两岸文化交流，成果斐然。二〇〇四年，大师应聘担任“中华文化复兴运动总会”宗教委员会主任委员，与基督教、天主教、道教等领袖，共同出席“和平音乐祈福大会”，促进宗教交流，发挥宗教净化社会人心之功用；先后与著名汉学家马悦然教授（斯德哥尔摩大学、诺贝尔文学奖终身评委）、罗多弼教授（斯德哥尔摩大学）、傅高义教授（哈佛大学）及诺贝尔文学奖得主莫言先生等人进行人文交流座谈。

近年，大师于江苏宜兴复兴祖庭大觉寺，并捐建中国书院博物馆、扬州鉴真图书馆、南京大学佛光楼，成立扬州讲坛、星云文化教育公益基金会等，积极推动文化教育，以期能促进两岸和谐发展，共创繁荣新局面。

大师一生弘扬人间佛教，对佛教制度化、现代化、人间化、国际化的发展，可说厥功至伟！

自序：我愿化作一点心光

古老的佛经，往往以譬喻的形式，巧妙地铺陈甚深的妙义，如《阿弥陀经》中，以宝池、楼阁等种种声光形色，或隐或现地引喻极乐世界的华丽和香洁。又如《普门品》以种种厄难为喻，为我们描绘观世音菩萨寻声救苦时，种种无畏的清净和慈悲。

佛经往往以譬喻为渡船，救人上岸；以譬喻为灯光，照破昏暗；以譬喻为井泉，赐人清凉。在繁忙紧凑的现代生活步调中，也许一则故事的引领，能破解你多年沉淀心头的世情公案，一两句法语可以激起你内在革新的力量，为身心加油，为生活助力。

当白日的喧嚣散去，夜半的一盏灯，一杯茶，一则说喻，化身为心灵知己，与你素面相见，叙谈友情、家庭、世情、人生。

《星云说喻》丛书共十册，是集我在电视台“星云说喻”栏目中所讲的古今中外近千则譬喻故事而成。我祈愿读者阅读这些譬喻，如山泉洗涤人间的尘垢，使人人心镜洁净，灵台清明；祈愿读者以廓然的风姿，行化于红尘俗世间，念念觉醒于声色幻影之不实，从而回头开垦一亩心田。

与众生携手，我愿奉献身心为炬，化作一点心光，纵使此身被烧烬成灰，也是心甘情愿。

中华书局简体字版《星云说喻》丛书付梓在即，我喜为之序。

星云

二〇一五年二月

目 录

见法即是见佛

真理，不增不减，不生不灭，是“亘古今而不变，历万劫而常新”。

法是真理，真理就是佛；见到真理，就等于见到佛。佛是真理的化身，倘若见不到法，就是见到佛，也会认为：“佛不过是个老比丘、老和尚而已，没有什么稀奇。”在佛教里，佛不是最重要，真理最重要，如同世人常说的“吾爱吾师，吾更爱真理”。

二千五百年前，佛陀也是依法才成就佛道，没有法，就没有佛。佛陀一再提醒：“自依止，法依止，莫异依止。”就是强调皈依法的重要。皈依真理，就是“怪力乱神”、招摇撞骗的法术，都无法影响金刚道心。

真理是什么？必须具备普遍性、必然性、永恒性、平等性。真理，不增不减，不生不灭，是“亘古今而不变，历万劫而常新”。

有一次，佛陀从忉利天为母说法后，回到人间。素有“神通第一”之称的莲花色女，抢先欢迎佛陀，并且欢喜说道：“弟子莲花色首先前来迎接佛陀的圣驾。”

佛陀告诉莲花色：“真正第一个迎接我的是须菩提。”

莲花色一听，讶异地问佛陀：“须菩提他还在室中打坐，没有来啊！”

佛陀回答：“莲花色，须菩提观照真理遍满虚空，充实法界，他与真理相应，就能见到佛陀，这就是迎接佛陀。”

佛说“见缘起即见法，见法即见佛”，能从缘起法中通达诸法空性，就能见到佛陀。

信佛人，诵经拜佛一辈子，却没有佛的慈悲喜舍；学佛人能学佛德行，行佛之所行，与诸佛一鼻孔出气。信仰宗教，不是烧香拜佛便是，应深观真理法义，进而实践。具足正信，奉行佛法，才能窥见佛陀真貌。

不死的种子

积极活在当下，玩赏着生命中的阴晴圆缺。

以前印度有个弥兰王请教那先比丘："人死后有来生吗?"那先比丘回答："当然有来生。"弥兰王不解："人有来生，为什么我看不到呢？如何证明?"

那先比丘说："王呀！您吃过橘子吗？虽然橘子的皮被丢弃，果肉被人吃完，但是它的种子一落入泥土，又展开一连串的生命过程，如此循环流转不已，因中有果，果中又有因，如海潮此起彼落，无穷无尽。"

"又如一杯装满水的茶杯，即使杯身粉碎，这流注四方的水，一滴也没有减少。又如燃烧的木材，一根又一根接续着生命之火，哪里停息过？大自然里，随处可见生命的奥妙，雨水和云朵，演绎前世来生的答案，人的思潮纷落，前念是前世，后念是来生。只是人啊！有耳不闻，有眼若盲。"

有一阵子，社会上吹起催眠的旋风，“前世今生”成为各种媒体的热门话题。对前世的好奇，反而打扰我们今生平静的生活。禅门中有句话：“不知道最亲切。”也就是要我们截断妄想众流，积极活在当下，玩赏着生命中的阴晴圆缺。探究前世的面目，不如把握我们眼前的因缘，去经营一个完满的今生。

七把黄金买不到

世人眷恋不舍的江山美人，佛陀勘破它如水泡，短暂虚妄。

有一个国王要举办一场僧俗、智愚、善恶平等对待的大斋会，供养所有修道人一把黄金。通告一出，全国各地修道者云集皇宫，盛况空前。

当天，佛陀也跟着大家排队准备领取黄金。佛陀领了黄金，又放下来，说："国王，我不要了。"

国王不明所以，问："为什么不要？"

"国王，一把黄金可以让我一年不愁饮食，却没有房子可住，要这一把黄金做什么呢？"

国王点头称是，又问："一间房子需要多少黄金？"

"要三把黄金才够。"

"好！给你三把黄金。"

佛陀拿起三把黄金，随即又放下来，对国王说："我还是不要。”

“这又是为什么？”

“国王，我用三把黄金建造房子，却没有家具，该如何生活呢？”

“你要多少黄金才够？”国王心想，这个老和尚真是贪心不足，今天我发愿行大布施，不与你计较。

“我要五把黄金。”

佛陀拿起五把黄金又再放下来，说：“国王，我还是决定不要你的黄金了。”

国王恼怒了：“我已经对你特别礼遇了，五把黄金你还嫌不够？”

“国王，五把黄金让我有房子住、有饭吃，却没有佣人侍候我，替我煮饭洒扫，怎么有时间修行办道呢？”

“五把黄金不够，你还要多少？”

“我要七把黄金。”

国王正要开口答应，佛陀却说，“王呀，七把黄金我也不要了，因为我拿了这七把黄金，仍然会老、病死，再多的黄金也不能解决我的问题。”

国王若有所悟：“那要怎么办呢？”

“世上比黄金更有价值的，是我们的慈悲心；比黄金更坚固不移的，是我们的真心佛性。”

生死大事，岂是黄金珍宝可以解决。唐代高僧孚上座一句“忆着当年未悟时，一声号角一声悲。如今枕上无闲梦，大小梅花一样香”点出认识人生价值的重要。

佛陀明了这七把黄金有限的用处，世人眷恋不舍的江山美人，佛陀勘破它如水泡，短暂虚妄，坚决寻求人生价值的答案。

心中无闲事，枕上无闲梦，我们看到黄金的价值之外，也应该看到人人心中有颗胜过黄金的无价宝珠。

七处征心

我的心在哪里？我的心是动？是静？是善？是恶？我能管理我的心吗？

心在哪里？心在肚子里，心能看到自己的肠胃吗？X 光能把我们的肠、胃、肺照出来，但心却看不到肠胃，可见得心不在内。

心在外吗？可是我们的心看不到自己的眼睛、鼻子、耳朵，所以心也不在外面。

心在眼、耳、鼻、舌间吗？心在眼、耳、鼻、舌和合的地方吗？心究竟在哪里呢？

《楞严经》里，有一段佛陀与阿难的公案“七处征心”，便是在探讨这个问题。想想，一天之中，我们的心时而天堂时而地狱，时而热闹时而清凉，时而菩萨时而众生，来来去去不知多少回。

佛教主张，一心有十个法界，即是一心包藏佛、菩萨、缘觉、声闻、天、人、阿修罗、地狱、饿鬼、畜生等十法界。有人问，佛住在哪里？佛就在我们的心里，心里有佛的思想，佛的慈悲，佛的胸怀，佛祖便在心中坐，那么一切都是佛的语言、行为；倘若心中尽是贪欲、愚痴、嗔恨，那便生活在地狱、饿鬼、畜生的痴迷世界。

心是找不到的，因为它念念生灭，刹那不息，居无定所。一旦了解这个道理，就应该回光返照，检查自己的心，我的心在哪里？我的心是动？是静？是善？是恶？我能管理我的心吗？我的心有听话吗？我能掌控自己的情绪吗？能不为烦恼妄想占据吗？能不看别人的长短是非吗？能不与人比较、计较吗？能不患得患失吗？能不为五欲沾染吗？

时时检视，时时反观，发愿做自己的主人，让心时时拥有佛菩萨的慈悲智慧、喜乐自在，我们就能愈来愈靠近自己的心了。

马粪疗伤

靠修行的力量拨云见日。

《百喻经》里有一则愚人错乱因果的譬喻故事。话说有一个山区的居民，由于读书少，知识、常识都明显不足。

有个叫阿诚的居民到城市里参观，这天市场上恰巧有一群卖膏药的正在表演节目，推销产品。一边表演节目，一边大喊着："我这个膀子打伤了，用这药敷一下，你们看好了呐！"

阿诚觉得奇怪，怎么打伤了药一敷就好，于是问卖药的："是什么药，那么灵？"卖药的将马粪做的药，仔细地跟阿诚说明一遍。阿诚听了觉得这药既神奇又好用，就买了一大袋，带回山区去。

回到山区，他召集亲朋好友、街头邻居，跟他们大大地显宝一番："你们看我到城里走了一趟，现在有学问、有知识啰！我表演给你们看一下。”说完，便拿着木棍将自己打得皮开肉绽，还不忘对大家说：“不要怕，不要怕，你看我有这药，会立刻治好的。”

阿诚为了表演用药治病，硬把自己打伤，不但愚痴、自讨苦吃，更是本末倒置，不明因果。就像世间有些人总是“天下本无事，庸人自扰之”，烦恼本无，却让自己的妄想杂念、不慎言行，搅得不能安宁。

佛陀慨叹：“一切众生皆有如来智慧德相，只因妄想执着不能证得。”惠能大师也说：“何其自性本自清净，何其自性本无动摇。”人人之心净如琉璃，洁如莲花，然而一念迷，乌云重重。唯有靠修行的力量拨云见日，加强学习、认真思考、增加智慧、明白事理，才不会做蠢事。

哲学家与佛陀

有时答案并非在文字中就能透得。

佛陀住世的时候，印度有一位哲学家，虽然学问广博，但是并不快乐。坐在书房椅子上的他，一只手托着下巴，呆呆地凝视着自己写出的一大本一大本的哲学著作。一个钟头、两个钟头过去了，他觉得自己像一段干枯的木头，孤独而寂寞，觉得自己无依无靠无所适从，更不明白自己为什么要写那些哲学论著，甚至对于有人读他的书、研究他的著作都感到可笑。

“我不愿在这孤独中死亡，在这痛苦中消失，我要摆脱痛苦！”哲学家自言自语。“我用语言和文字寻找真理，且用文字堆起了一座山，可是这不是究竟的真理，它不能使人解除痛苦，更不能给人快乐！”

他决定去请示佛陀。

哲学家问道：“我用语言和文字寻找究竟的真理，但是我生活得不快乐，甚至陷入深深的痛苦中！请你不用语言、文字告诉我究竟的真理好吗？”哲学家望着佛陀。

佛陀低垂着眼睑，一语未发。一片深沉的寂静，清净、庄严的觉性笼罩着哲学家。

哲学家沐浴在寂静中，他的眼睛充满了亮光，心里正滚动着无声的雷鸣，生平第一次感受独自觉知的狂喜，他觉得自己应该悄悄地离去，可是他还是使用了语言：“我在这里学到了究竟的真理！”

哲学家走后，佛陀说：“一匹好马，在鞭子的影子里也能跑得很快！”

探索人生的究竟，是很多人都会有的经历与难题，在未能了达时，会有一种莫名的恐惧与不安，一种难掩的寂寞与空洞，一种忙碌之后的虚浮……这种种情绪是因为还未看到生命实存的意义，因而缺乏生命力。有时答案并非在文字中就能透得，也并不能经由别人的口而得到，每个人的因缘不同，必须亲身去经验，不断地探究思索，思索探究，才能在因缘成熟之际顿然了悟。正如无门慧开于《无门关》中所说的：“大道无门，千差有路；透得此关，乾坤独步。”

经历、困境不可避免，跳过了此，便没有透得的一天。

心田自有半亩桂树

留下金钱不如留下慈悲，留下名声不如留下恩惠，留下产业不如留下信仰，留下利益不如留下怀念。

印度有对婆罗门夫妇，他们财富无数，可惜没有儿女可以继承。他们害怕一辈子积集的钱财被别人侵占，因此彼此约定，寿终前吞下金钱，把财宝一并带走，以便黄泉路上有充裕的资粮。

这对夫妇先后去世，当时的民俗，死人不埋进土里，放置于空旷的树林中。尸体经过日晒风吹，日久膨胀腐烂，吞下的金钱自然暴露在外。有一位贤人看见他们身烂钱出的景象，不禁愍然流泪，感叹人世的悭贪无知。他取下尸体上的金钱，礼请佛及僧众，供办饭食百味，为这对夫妇消愆求福。

走上黄泉的悭吝夫妇，他们在自己临终前，把金钱吞下，妄想永远占有财物，不知死时曝尸野外，雨淋日晒，最后成为狼犬的一餐美食。生前积集百千财宝，死时一文也带不走。

吞下金钱的夫妇，企图留住他们生命的美好和富足，就像我们每一个人，一生拼命追寻梦中的桃花源，用地位、威权、财利、事业、情感等等，建筑幸福美满的城堡，祈求自己事事如意，无风无雨。

世间的桃花源，像波上泡影，电光石火，瞬间影像，生灭音响……佛陀当年离俗出家时，父亲净饭王哀情恳求，悉达多太子非木石无情，但他渴求解开世间的谜底，他向父亲说，只要您可以回答我的四个问题，我就不出家。悉达多的四个问题，至今仍是世人不断追寻的生命答案。

第一，谁能告诉我，生从何来？未生我之前，我又是谁呢？

第二，谁能告诉我，如何阻挡衰老的来到？谁能使我白发不生，永享青春的美妙？

第三，谁能告诉我，世界上有没有人可以不病不恼？不受到病魔的摧残，让我的肌肤永远光泽，让我的背脊永远像玉树挺立？

第四，谁能告诉我，有没有不死仙药，使我生生世世和亲人相守，恩爱不离，没有生离死别的痛苦？

悉达多太子为了解开心头“生老病死”的疑惑，毅然出家修道六年，终于在夜睹明星的一刻，悟得缘起法，成就大觉的佛陀。四个问题的萌发，圆成一位至尊无上的圣者，我们从这则“死后吞金”的譬喻，是否警醒到有什么是死后能带走的？我们的一生要留下什么给别人？留下金钱不如留下慈悲，留下名声不如留下恩惠，留下产业不如留下信仰，留下利益不如留下怀念。

星星会陨落，钻石也会粉碎，唯有慈悲信仰的功德，水不漂，火不烧，恶风倾动不了，任凭人间蝶去莺飞，心田自有半亩桂树，坠粉飘香，袭人衣袖。

公主的福报

福报要靠各人去培养，种一得百，分毫不缺。

印度的波斯匿王，有一位天生丽质的善光公主，笃信佛教，常行布施，供养三宝。波斯匿王对她疼爱有加，视为掌上明珠。

有一天，波斯匿王对善光公主说："孩子，你生长在帝王之家，穿的是绫罗绸缎，吃的是山珍海味，你的一切富乐，都是因为父王才有的，你应该感谢父王给你的庇荫。"善光公主回答："父王，一个人的福德因缘是靠自己耕耘，并非他人赋予。今天我之所以贵为公主，享受荣华富贵，固然要孝敬父王，但这一切的福德因缘，是我自己过去所积聚的。"波斯匿王听了公主如此忤逆的话，气急败坏地说："你怎么可以说这样的话来伤父王的心，好！我倒要看看，你有什么福报！"

于是，波斯匿王下令，把善光公主嫁给全国最穷的年轻乞丐。公主毫无怨尤地脱去华服，换上布衣，和乞丐结为夫妇。

一天，善光公主问丈夫：“你年纪轻轻，仪表俊秀，为何会一贫如洗，沦为乞丐呢?”乞丐说：“我本为宦官人家，多年前家中遭祝融之灾，才如此穷困潦倒。”善光公主振奋精神，说：“既然如此，我们何不回到家乡，同心协力重辟草莱，耕种花果蔬菜，自食其力，总比沿街乞讨要强。”

回乡后，夫妻两人重整断壁残垣的家园，合力挖掘坚硬的土地，打算种些蔬菜。挖着挖着，突然发现在一块石板下藏着大批的金银珠宝。两人靠着这些珠宝，很快地又把家业复兴起来，成为当地的首富。

当波斯匿王获知善光公主的消息时，这才相信：福报要靠各人去培养，种一得百，分毫不缺。

明末郑瑄在《昨非庵日纂》提到：“现在之福，积之祖宗，不可不惜；将来之福，贻之子孙，不可不培。现在之福，如点燃灯火，随点随竭；将来之福，如添油料，愈点愈久。”有福要珍惜，无福要培福，“祸福无门，惟人自招”，世间没有不劳而获的事，多多培植福德因缘，才能真正拥有福报。

四种面具

外面的眷属、朋友不过是缘起缘灭，只是一时的相伴，唯有内心的亲眷法侣，才能与我们厮守终老。

舍卫城中频传恶象踏伤人畜的不幸事件。有一天，比丘们入城乞食，也耳闻此事。回到精舍，彼此谈论着恶象造成的祸害。佛陀在比丘们用完早斋后，以恶象作为譬喻，告诫比丘们善于观察恶象及恶知识，等无有二。

恶知识戴有四种面具，你们要善于观察审视：

一、内有怨心，外现柔顺，附和人意。

二、于人前美好言语，背后论人恶事。

三、急难时于人前愁苦，背后欢喜。

四、外如亲厚密友，内怀欺诈阴谋。

恶知识还有四种伪装，要念念觉醒，时时正观。

一、小小侵犯，生大嗔怒。

二、众生请求，无有方便。

三、见人有急，避走遁离。

四、见人死亡，弃之不视。

对于恶知识势力的畏惧，必须甚于对于恶象的迫害，为什么？恶象毁坏的只是一身，恶知识者破坏的是无量善身及无量善心；恶象只能破坏不净臭身，恶知识能坏净身及净心；恶象能坏肉身，恶知识则坏法身；被恶象所杀，不至三恶道，为恶友杀必至三恶道；恶象杀害的只是我们的身体，恶知识的威势能拔除焚灭一切善法的根苗。

影响我们一生的福祸，大多是感情、事业等亲近的伴侣，他们左右我们的想法，操纵我们的方向。慎选人生的旅伴，困境才能互助，患难才能分担，平安走完生命全程。

外在的伴侣固然重要，但是漫漫人生路，往往先要自助，才有人助。外面的眷属、朋友不过是缘起缘灭，只是一时的相伴，唯有内心的亲眷法侣，才能与我们厮守终老。在《维摩诘经》中，维摩居士对人生，有细致深刻的观照。他说："智度菩萨母，方便以为父。……法喜以为妻，慈悲心为女。善心诚实男，……诸度等法侣。"

我们的心，以清明慧照为母亲，能滋养无漏的法林。

以权巧方便为父亲，调御摄伏一切有情。法喜是我们的妻侣，心具净妙严容。慈悲和善心是我们的儿女，必可成办解脱家业。

恶象践踏伤害的只是我们的身体，而终身伴侣摧毁的是我们清明的智慧，使我们陷落于生死的轮转里，不得停息。

慎选我们内心的亲眷友伴，他们如生命中的熏风暖阳，能吹绽十里好荷，云树烟柳相随，万顷琉璃波平。

怀珠作丐

问一声，汝今何处去；望三思，何日君再来。

《法华经》有一则“怀珠作丐”的譬喻故事，内容描述一对富有的夫妇，晚年得子，却是喜忧交集。喜的是喜获麟儿，忧的是自己年岁已高，恐怕等不到儿子长大成人就已经撒手人寰了。他们辛苦一生挣来的万贯家财，万一被坏人侵占，年幼孩子的命运实在堪虞。

为了避免这样的事情发生，老夫妇想出一个好办法。他们在孩子的衣服里，缝了一块布，布包裹着一颗价值连城的夜明珠，足以使孩子一生不愁吃穿，以防将来孩子穷苦潦倒。

几年后，老夫妇死了，不久家里又惨遭祝融之灾，所有的家产付之一炬，只留下这无依的孩子，孤零零地流落到街头行乞。苦孤儿四处乞讨维生，时日久了，他也慢慢地忘记自己的身世，忘记自己故乡的人、事、物。

岁月挪移，日子点滴流逝。一天，苦孤儿行乞到自己出生之地，被乡人认出，并告诉他的身世。然而乞丐做久了，他竟不能相信自己是出身于大富人家，继续怀着一颗夜明珠，四方流浪乞讨维生。

有情世间，人人都是苦孤儿，怀着与三世诸佛平等无别的光明佛性，流浪无尽生死海，死死生生，流转五趣六道，忘记自己本来面目，不明自家珍宝具足，却以乞讨红尘浊世的贪嗔痴妄维生。佛说“大地众生皆有如来智慧德相”，苦孤儿却不敢承认“我是佛”，拖着臭皮囊一世又一世。

佛光山山门有一副楹联“问一声，汝今何处去；望三思，何日君再来”，即要声声叩问无数入宝山的有情人，如今一去人间行乞，何日再归来，稳稳端坐自性法座？

弥兰王和那先比丘的问答

亲眼所见，未必是真；亲耳所听，误会也很多；亲身经历的，也未必可靠。

有一天，弥兰王问那先比丘："我不相信有涅槃，请问你有证悟到涅槃吗？"那先比丘回答："涅槃是不生不死的圆满境界，我还未证悟涅槃。"

弥兰王说："既然你没有证悟涅槃，怎么知道有涅槃？"

那先比丘反问："大王！如果我用一把刀，把你的手膀子砍断，你痛不痛？"

"当然痛。"

"那你被砍过吗？"

"没有！"

"那你怎么知道会痛？你又没有经历过，怎么知道会痛？"

“看到有人受伤，那般痛苦的模样就知道了。”

“只要看到人家痛苦，你就知道痛苦，我看到有人证入涅槃，我当然相信有涅槃。”

那先比丘以巧妙譬喻折服弥兰王诘问，这就是“经验”之谈。

知识与智慧，能从自己的经验里获得，从别人的经验里也能得到；从历史明镜里能够获得，从宗教的修行证悟里，同样能得到另一番经验。知识与智慧，不一定非得个人亲身经验，亲眼所见，亲耳所闻，亲自遇到。

亲眼所见，未必是真；亲耳所听，误会也很多；亲身经历的，也未必可靠。因为那都是分别意识的体验，不代表就是真相。眼、耳、鼻、舌、身带来的错觉、错误的见闻觉知不胜枚举。例如眼睛朝太阳一看，再闭起眼睛，只觉金星缭乱，但空中真有金星吗？耳朵听人讲东话南，却听成话北讲西者也有，因此以讹传讹，造成漫天是是非非。

“若人欲知佛境界，但净其意如虚空。”涅槃，并非以六根分别，以戏论探究，得要内心觉悟，彻头彻尾大死一番，那个涅槃世界才是真实不虚。

没有良心的小偷

向自己的真心本性里找无限的财宝吧！

有一天晚上，七里禅师在寺院里参禅，突然有一个小偷慢慢地摸进来，小偷看到七里禅师眼观鼻、鼻观心地端坐着，便很害怕，僵了一会儿不敢有任何动作。后来他胆子愈来愈大，于是开始东翻西翻，可是找来找去都没有找到什么有用的东西。既然找不到东西，就慢慢打开了门想离开。正当他想走出去的时候，七里禅师讲话了：

“站住！既然要走，替我把门关好。”

小偷吓了一跳，随后看到七里禅师还是坐在那里动也没有动，便壮胆回了一句：

“这么懒惰，门都不晓得自己关。难怪屋子里什么东西都没有，我什么都偷不到。”

七里禅师回答：“你真是没有良心！你年纪这么轻，

我年纪这么大，难道你要一个老和尚辛苦赚什么东西让你偷吗？”

七里禅师和小偷的对话欲点醒迷妄糊涂人，切莫只想沾别人的光，能偷则偷，能抢则抢，能贪则贪，能骗则骗，只想不劳而获。现在的社会，追求名利虽然很好，但是每个人如果都做国家的分利者，享受国家的福利，国家的拥有又从哪里来？国家提倡福利爱护大众，但是全民也应该想着如何耕耘，如何生产，如何造福国家、造福全民。

天下没有不劳而获的事情，何必去偷别人的东西，自己的本性，自己的真心，就拥有无限的财富。向自己的真心本性里找无限的财宝吧！不要向社会国家、向老和尚去偷，向自己来偷一偷，倒是很重要的。

管理从心开始

人同此心，心同此理，要领导别人，先领导自己。

佛鉴和尚应舒州太平寺之请，将出任该寺的住持。佛鉴在临别的前夕，向师父五祖法演礼座告假。五祖拿起一杯茶给佛鉴说："明天你就要到舒州了，这杯茶你好好纳受，身为一寺的住持，我有四句偈送给你。"

"一寺的住持，如时钟的中心点，住持正法的运行，僧信二众的慧命在汝一身，你一定要以此四句警诫自己。第一，势不可使尽；第二，福不可受尽；第三，规矩不可行尽；第四，好话不可说尽。

"为什么呢？好话说尽，大众就不再珍惜爱重。过严执行规矩，大众就会寻求其他的旁门左道。福报一旦享尽，不会有贵人善缘的相助。权势使尽，大众怨隙丛生，不久即有祸患的来临。

"你要记住，画图留白的巧妙，更添一段景致。权力、福报、规矩、好话，都留几分余盈，自然僧安道隆，丛林无事。”

“留一点”的领导学值得我们深思。当今社会出版许多的管理丛书，其实再周详的领导守则，哪里离得开知己知彼的重要呢？

管理从心开始，人同此心，心同此理，要领导别人，先领导自己。身为领导者，如果懂得应用此四句偈，适当的好话赞美，情法互重的规矩，福报利益的分享，恩威并施的行事，便能通行无碍。

盲人摸象

必须要开智慧的眼光来认识全部。

在《百喻经》里面有一则“盲人摸象”的故事。有一天，舍卫城的东门，忽然来了一头大象，使得城里起了骚动，人人都争先恐后地去看大象到底有多大。这时候，城里有一群盲人也想去看看，大象到底是什么样子？但是因为看不见，于是他们就用两只手去辨别象的模样。摸到象鼻的盲人，说道：“大象像什么？我知道，像个钩子。”另一个摸到象耳朵的盲人则说道：“大象像个芭蕉扇。”而摸到象尾巴的盲人，则急忙说道：“你们两个都不对，大象明明像绳子。”第四个摸到象腿的盲人，也很不以为然的说：“你们都乱猜，大象就像一根柱子。圆圆的，高高的。”摸到象肚子的盲人，则反驳道：“你们说的都错了，大象就像一个鼓。”

大象到底像什么？这一群盲人，你一言，我一语，各有说词，争论不休，但他们所了解的，只是象的局部，不是象的全貌。真正的大象是必须用智慧的眼睛，才能看到它的整体，识得它的真相。

现今世间的人，看事情都是盲人摸象，都只看到一部分，或站在自己的角度，说自己的道理。甲说甲的道理，乙说乙的道理。说起来头头是道，但是对于整个真理而言，这些道理都有所偏颇也不究竟，必须要开智慧的眼光来认识全部，才是真正的真相。

现在的人有时讲话太主观，不够客观，无法看到事情的真相。有的人太有立场、太有成见，不能看见事物的真相。有的人只知其一、不知其二，不能融会贯通，也看不出事物的真相。人若要看清真相、明白真理，是不容易的。如果想明白真相，第一必须先空除自己的成见，第二将广大的法味包容在自己的心中，第三个明白前因后果、左右关系，才能认识事情的真相。

不明白事情的真相，就像瞎子摸象，摸了一部分还算不错，就怕摸错了，以邪见看世、处世，更加危险。因此，如何看到事物的真正面目，就显得更为重要了。

知苦恼为仙丹

人们对于自我的认识，往往无法正知正观。

有一位神仙对森林里的动物说：“我具有神奇的力量，能够更改你们的相貌，你们觉得自己有什么地方不满意，我可以帮助你们修改，使你们长得更美丽。”这些动物个个面面相觑，谁都不肯承认自己的相貌难看。

神仙对猴子说：“你对你的相貌满意吗？”猴子很骄傲地回答：“我觉得自己很美，身边常有许多的仰慕者。”猴子指着马说：“我看马大哥的脸太长了，仙人，您给他修改修改，让马大哥早日找到老婆。”

马十分生气，用脚连踢了猴子几下说：“我的马脸很有个性，常常有人请我做明星，我对自己的长相，感到十分荣耀。我想请仙人替胖象妹修改她长长的鼻子，让她变得更清秀美丽。”

胖象妹涨红了脸，向马吐了几口唾液，马闪躲不及，忽然看见树上的孔雀就说:“仙人,我说错了,胖象妹的鼻子很美,不必替她修改。这孔雀的尾巴灰蒙蒙的,实在难看,请仙人帮它的忙,让它更美艳动人吧!”

孔雀站在树上,谦虚的对仙人说:“我的尾巴的确不好看,麻烦仙人给我修改修改。”仙人掏出怀中的一粒仙丹说:“你服下这粒仙丹,会有意想不到的改变。”

清晨的森林十分热闹,动物们吃过早餐都聚集在树下,嬉戏闲谈。忽然间,远方闪烁着七彩的霓虹,动物们好奇地过来一探究竟。孔雀正摇着绚丽的尾巴,如丝绸柔细,如百花绽放,缓缓地走进众人赞叹的目光。

孔雀因为能够正视自己的缺点,所以得到一粒仙丹,使自己的尾巴增添霓彩光妍。这粒仙丹,不是仙人赐予,是当我们卸下心头的尘劳,不再蒙蔽自我,肯得洗尽铅华、肯得修炼身心的所得。这粒仙丹,是如实的明镜,可以端正衣冠,可以鉴照本性。

佛门中有句话很美,叫做“知苦恼”,知道自己的烦恼是什么,了解自己的习气有多少,认清自己的缺点在哪里,明白自己的不足有几分。人们对于自我的认识,往往无法正知正观。真正爱自己的人,从了解自己开始,想踏上修行道路者,要看到自己的不足,才能不断前进。

荣枯一如

各人有各人的特色，何妨随缘顺境，荣的任它荣，枯的任它枯。

有名的药山禅师有两个徒弟，一个是道吾禅师，一个是云岩禅师。有一天，师徒三人论道，山边正好有两棵树，一棵高大茂盛，一棵枝折叶枯，药山禅师就指着那两棵树问："这两棵树，到底是荣的好？还是枯的好？"

道吾立刻回答："师父，当然是荣的好。"

云岩却说："我觉得枯的比较好。"

两人正讨论未决时，高沙弥来了。药山禅师以同样的问题问他，高沙弥不疾不徐地答道："荣的任它荣，枯的任它枯。"

后人将这段公案以一首诗形容：

云岩寂寂无窠臼，灿烂宗风是道吾。

深信高禅知此意，闲行闲坐任荣枯。

大徒弟云岩、小徒弟道吾，他们只对了一半，唯有高沙弥泯绝了荣枯、好坏、美丑的对立，才能看到人生的全貌。

药山禅师的大弟子云岩具出世的思想，欢喜枯树的淡泊安然，代表一种独自的、寂寞的、沉潜的，注重内德思想的禅风。小徒弟道吾有入世的热情，认为繁华热闹处做道场，是度众的方便事业，象征多彩多姿、灿烂光明的禅风。高沙弥的意境则是：我们参禅的人，何必要做这许多分别，各人有各人的特色，何妨随缘顺境，荣的任它荣，枯的任它枯。

一句荣枯都好，道出修行者要有出世淡泊的思想，也须具足入世度众的力量。

黄金是毒蛇

金钱没有好或不好的定论，在于怎么用法、什么来路。

《阿含经》上说：有一次，佛陀带着阿难出去行化，忽然在路上看到一块黄金。佛陀说道："阿难，你看到吗？那儿有毒蛇。"

阿难朝黄金看看，回答佛陀："是的。佛陀，我看到了，那是毒蛇。"

说完两个人就走过去了。

这时，在田里工作的父子俩，听说有毒蛇，就过来看看究竟。当他们一看，竟然是一块黄金。"哪里是毒蛇？刚才佛陀和阿难把它看成毒蛇，真是大傻瓜！"父子俩欢喜地说着，就把这笔意外的横财——黄金带回家去了。

当时，印度的法律明文规定，百姓不准私藏黄金。这块黄金是被人从国库里偷出来而遗落在路上的。经过调查，这父子俩嫌疑最大，终于被治罪关进了牢狱。

父子俩为了一块黄金被关在狱中，这时他们觉悟佛陀所说的话。父亲回想着当日的情形，不禁喃喃自语道："果然是毒蛇，不是黄金。"

儿子看着父亲，也若有所悟地说："确实是毒蛇！"

黄金到底是不是毒蛇？要看我们如何运用，合法的财富，可以做善事、做功德；不合法的财富，就会造成"人为财死"，伤身害命。因之，金钱没有好或不好的定论，在于怎么用法、什么来路。如同拳头，给人一拳，对方告到派出所，打人犯法；如果以拳头替人捶背，使对方很舒服，对方还会感谢。

拳头，究竟好或不好？就看我们如何辨别，怎么运用。

三生石上旧精魂

勘破轮回，超越轮回，不畏轮回，做个在轮回之中却不为轮回所染的自在人！

唐代僧人圆泽和儒生李源相约前往峨嵋山一游，圆泽禅师主张取道长安陆路，李源则坚持行走荆州水路，圆泽禅师无奈，怃然叹息说："一切是因缘，由不得人呐。"两人一路游来，途经南浦的时候，看到一位大腹便便的妇女拿着瓦瓮在河边汲水，圆泽禅师看了，长叹一声说："我主张走陆路的原因，正是为了怕见到她呀！这位妇人姓王，我本来应该投胎做她的儿子，三年来我到处躲着她，使她怀孕了三年老是无法生产，想不到你我今日因缘已尽。三天后，你到王家来看我，我当以微笑与你为证。十三年后，在杭州的天竺寺外，我们再见面。"

当晚，圆泽禅师就此无疾而终。李源依约三天后到王家祝贺，襁褓中的婴儿看到李源，竟然露出天真无邪的笑容。十三年后，李源到了杭州天竺寺，看到一个牧童骑在牛背上，悠然鸣笛而歌道："三生石上旧精魂，赏月吟风莫要论。惭愧情人远相访，此身虽异性长存。"

李源听了，高声呼叫说："圆泽禅师还健朗吗？"

牧童挥手回答说："李公果然是个守信用的人。"然后又引吭高歌："身前身后事茫茫，欲话因缘恐断肠。吴越山川寻已遍，却回烟棹上瞿塘。"

在呜呜的笛声中，牧童牵着牛冉冉而逝，留给李源无限的怅然与嗟叹！

圆泽禅师的故事正说明了生命轮回的不可避免。佛教谈轮回并非一般人讥为的愚痴迷信、落伍迂腐，而是要我们认清生命的真实相；有情众生因渴爱贪欲，在六道生死大海中载浮载沉，不能出离。

生死轮回真不可避免，无法出离吗？不是的，对此，佛教的三藏十二部经提供了解脱轮回生死的妙法。

我们可以用精进的火焰烧尽爱欲薪柴，以持戒之力拔除三毒，以智慧的利剑斩断轮回锁链，勘破轮回，超越轮回，不畏轮回，做个在轮回之中却不为轮回所染的自在人！

水中捞月

钱财名利、爱情权位、顺心逆境都是镜花水月，一味欲求、妄求，究竟为何？

在伽尸国，波罗奈城郊外，一处幽静的山林里住着五百只猕猴。有天夜晚，他们游行林中，找到一棵果实累累的尼俱律树，便在树上大快朵颐起来。

正当大家乐在其中的时候，猴王望着树下一口古井中所映现的月影说："你们看，天上的月亮掉到井里了，大家赶紧想办法把月亮捞起，莫要让世间长夜暗冥无光啊！"于是众猕猴七嘴八舌地商议着，这时猴王又开口说："我有办法！由我先捉住树枝，你们其中一位再捉住我的尾巴，如此辗转相连，必定可以将月亮捞起的。"说罢，猴王率先捉住树枝，一只猴子再捉住猴王的尾巴，另一只猴子再接上，一个接一个，接到最后一只猴子时，离水面还有一点距离，他才稍微用力，树枝已承受不了众猕猴的重量，于是“叭”一声断了，所有的猴子顿时一齐跌进古井里。

这则譬喻故事出自《摩诃僧祇律》，意在提醒世人莫为世间幻象所迷，终日追逐镜花水月的结果，只是徒劳无功，甚至身陷苦痛之中，难以自拔。永嘉玄觉大师更在《证道歌》中以“镜里看形见不难，水中捉月争拈得”欲提起我们的反思，钱财名利、爱情权位、顺心逆境都是镜花水月，一味欲求、妄求，究竟为何？

世人贪逐不实的爱情、名位、钱财……就像猕猴欲捞水中月，月没捞起反而丧身害命。何不断然放下一切不必要的执取、妄求，看透世间虚妄假相，不耽梦里美丑善恶，好在水月人间任运随缘，不拘不滞。

酒换水

懂得观因缘，我们的心胸才能开阔开朗，生存于世更能随缘自在。

佛教有谓“因缘”，主要说明世间一切并不是凭空而有的，而是由因缘而生，有生必有灭。《佛遗教经》有言：“一切世间动不动法，皆是败坏、不安之相。”佛陀提出这个论点，并非让我们惶恐不安，对世间一切失去希望，而是要我们更积极地深观因缘，把握当下，能够观缘、观人、观物都自在。

从前，有一个老太婆买了一瓶酒，在返家的途中，摘取路旁的果实来吃，她吃得很高兴，不久口渴了，向村落的妇人要了一杯水喝，觉得水甘醇美味，便向妇女感谢：“你的水太好喝了，我这瓶酒与你的水交换。”那位妇人就拿了一瓶水与她交换。

老太婆兴高采烈地将这瓶水带回家，打开瓶子想再尝尝看，可是发现水一点也不甜美了，不过跟普通的水一样罢了，她觉得很奇怪，再喝了几口，水依然没有味道。于是她邀了许多邻居来喝喝看，也没有人说好喝。老太婆才如梦初醒，明白是因为吃了甜美果实的缘故，无味的水才变得美味。

每一时一处、每一个人，因缘都有不同，故事中的老太婆不明因缘，口渴时饮下的水与平时酌饮的水感受是不同的。世间一切本来一般，由于我们不懂得深观因缘，在内心产生千差万别的感受，表现出千差万别的言行举止，因此，有的人上得了台，下不了台；有的人放不下情爱，纠缠不已；有的人处处与人比较，却始终看不到每个人的因缘不同；有的人尽是怀念过去，不能与时俱进，与儿女产生代沟。

《维摩诘经》说："深入缘起，断诸邪见。"懂得观因缘，我们的心胸才能开阔开朗，生存于世更能随缘自在。

失散了的骆驼

但看内心体悟，不耽外相浮华玄虚，才不致误入歧途。

有一个商人赶着一群骆驼，由于途中觉得疲倦，便在路边一棵树下睡着了。当他一觉醒来，发现骆驼全数散失，着急地喊："我的骆驼呢？我的骆驼呢？"佛陀刚巧经过，就问商人："你要找的骆驼是哪一种？把种类告诉我，让我帮你想想办法。"商人说："我的骆驼有的老迈，有的跛脚，有的瞎了一只眼睛，总之，有好多种呢！"

佛陀听了以后说："瞎了左眼的那只，往右边去找；跛脚的，要往左边去找；老迈的骆驼，在前面不远的地方可以找到。"商人照佛陀的指示去找，果真把所有的骆驼都找回来了。

"佛陀，你为什么知道骆驼的行踪呢？"商人觉得奇怪。

佛陀说："我来这里的时候发现，路上有一边的草都给动物吃过，而另一边的草却很整齐，我想瞎了左眼的骆驼，必定只能看到右边有草，所以你往右边一定可以找得到。同时，我也发现左边的路上，有一边深一边浅的脚印子，因此建议你到左边去找跛脚的骆驼。"

"另外，我在途中，看到一处地上有动物睡过、滚过的痕迹，想这必定是老迈的骆驼走不动了，在那儿躺下来休息，所以要你到前方去找。"商人静静地听完佛陀的分析后，不禁为佛陀的智慧所折服。

真正有智慧的人，不只是从现象上来认识、了解，将他内心的体悟，应用于生活上的行、住、坐、卧，才教人钦佩。寻访名师、闻法学道也应慎重选择，多一些了解，多一些认识，但看内心体悟，不耽外相浮华玄虚，才不致误入歧途。

一场空欢喜

人在世间上，追求钱财，追求爱情，追求五欲尘劳的享受，然而带来的是不安、曲折与是非。

《百喻经》里有一则“伎儿作乐喻”，意在提醒世人莫为虚妄世间迷惑，应认清人生的方向，确确实实地掌握生命的价值。

有一位国王聘请一位琴师，在宴会上进行演奏，并许诺将赏他一千银钱。宴会中，琴师演出，琴音婉转，清扬美妙，博得众人的赞赏。散席后，国王并没有依照约定把钱赏赐给他：“你刚才演奏的音乐，当下听着快乐，过后却消失无踪迹，我什么也没得到，只是空欢喜一场。我许诺给你钱，也是让你听着快乐罢了。”

乍看之下，或许会觉得国王言而无信，但是走出现象的边界，仔细想想，世间一切何尝不是如此，得与不得，都是空欢喜，因为我们无法掌握，也挽留不住。《楞严经》中，佛陀告诉阿难："识性虚妄，犹如空华。"也在《增一阿含经》说："色如聚沫，受如浮泡，想如野马，行如芭蕉，识为幻法。"憨山大师也说："荣华总是三更梦，富贵还同九月霜。"人在世间上，追求钱财，追求爱情，追求五欲尘劳的享受，然而带来的是不安、曲折与是非，一切如同空华，哪一样能永恒不变呢？就像琴师的音乐和国王的许诺，只是须臾的快适，只能空欢喜一场。

世间的五欲——财、色、名、食、睡，就像刀口上的蜜，虽然甜美，却藏匿着危险，一旦贪着，便有割舌的忧虑。如同佛经所言，一滴蜜的香甜，让人一时间忘记了忧患，忘记了未来，甚至忘记了本具的清净佛性，耽误自己的生死大事！

空欢喜，不知误了世间多少人。平时若能觉悟"不须更待黄粱熟，方悟劳生一梦间"的道理，不迷惑于虚幻世间，更不要等到黄粱梦醒，才空叹人生若梦。在短暂的人生里，实实在在、尽守本分地做人才是最重要的。

神通不敌业力

佛法是用道德来感化他人，用慈悲来救护众生，而非使用神通来眩惑大众。

大部分的人对神通都存有一种神往与好奇的心理，然而有神通好吗？当听到别人在远处骂你、批评你，能不生气吗？看到他人做出对你不利的事，能不心烦吗？会不想去跟他算账吗？知道这个人一肚子坏水，那个人鬼主意一箩筐，心能不为所动吗？

目犍连尊者堪称佛陀十大弟子中“神通第一”。有一次，憍萨弥罗国的琉璃王，兴兵攻打迦毗罗卫城，佛陀为了祖国，三次静坐路中阻拦大军，然而琉璃王报仇侵略的嗔恨始终没息灭，佛陀明白因果业报不可避免，也就任由他去了。后来，目犍连尊者以神通将五百位释迦族人安置钵内，以为如此便能挽救释迦族的生命，但神通终究抵不过业力，当目犍连尊者打开钵的时候，五百位释迦族人早已化为血水！

世间上最大的力量，并非神通力，而是行为所造作的业力。过去中国有句话说："打死会拳的，淹死会水的。"神通不敌业力，就如同目犍连尊者遭裸形外道迫害而殉教，尽管他具大神通，但于因中捕鱼所造下的杀业终究是要了结的。

有一次宾头卢颇罗堕尊者对信徒施展神通，佛陀知道此事后，训诫他说："佛法是用道德来感化他人，用慈悲来救护众生，而非使用神通来眩惑大众。"佛教重视"因果观念"，而非滥用神通，因为那只会滞碍智慧的开展，造成更多的烦恼。修行贵在踏实、本分，具慈悲心、讲道德，才是迈向佛道稳当而平实的门径。

愚痴的后果

宁可跟聪明的人结仇，也不要和愚痴的人做朋友。

有一聚落，住着一个浣衣人，平时以替人洗衣维生。一次聚落举行大节会，有很多村民在同一时间要洗衣服。浣衣人接了许多衣服，到池边工作。他告诉儿子：“今天要洗的衣服很多，可能没办法回家吃饭，你就带饭来吧！”

到了吃饭时间，儿子为父亲带饭来，浣衣人吃完饭，想睡一下，便在池边随便找个地方休息，换儿子洗衣。由于浣衣人剃着光头，吸引一群蚊子停在他头上叮咬。儿子洗完衣服到父亲身旁，看到蚊子群集在父亲头上，赶紧挥手赶蚊，挥了几下，蚊子还是不放弃，儿子这下恼火了：“有我在，怎么会让你们这些蚊子吸我父亲的血呢？”因而举起浣衣棒朝父亲头上猛挥乱打，没料蚊子四方飞散，却把父亲打死了。

这则记载于《根本说一切有部毗奈耶》的故事，旨在说明，宁可跟聪明的人结仇，也不要和愚痴的人做朋友。因为聪明的人懂分寸、识大体，即使对仇人，也不致莽撞行事；但是愚痴的人却会不计后果地乱来。曾有人说，宁可和聪明人打架，也不和愚痴人说话，因为与聪明人打架，事情容易清楚解决；与愚痴人说话，不但说不清楚，反而会越说越模糊。可知愚痴的可怕！

世上不是有钱有权、貌美就是最好的，具足智慧灵巧，懂得处事明理，更是弥足珍贵。佛陀知晓世人之迷惑，更透彻世间的虚幻不实，因而在《佛遗教经》中谆谆教诲弟子要知智慧的重要："实智慧者，则是度老病死海坚牢船也，亦是无明黑暗大明灯也，一切病者之良药也，伐烦恼树之利斧也。"可是现在的人一味追求外相上的虚荣、美丽，而不知充实内在的涵养。所以经典中，佛陀无处不提醒，切莫为愚痴所染，造作罪业，而招感轮转不休的苦报，应立愿化愚痴为智慧，做个超越生死系缚的自在人。

鸢鸟衔鱼

烦恼的根源，在于不明真相，在于世间种种生起贪爱欲求。

有一天，渔人在捕鱼。一只鸢鸟猝然飞下，叼走了一条鱼。同时间有无数只乌鸦看见了鱼，便聒噪着追逐鸢鸟。不管鸢鸟飞到哪里，乌鸦就跟到哪里。

鸢鸟不论飞东飞西，满天的乌鸦都是紧追不舍，鸢鸟无处可逃，不知如何是好，疲累地飞行，心神涣散时，鱼就从嘴里掉下来了。那群乌鸦朝着鱼落下的地方继续追逐。鸢鸟如释重负，便栖息在树枝上，心想：我背负这条鱼，让我恐惧烦恼，现在没有了这条鱼，反而内心平静，没有忧愁。

这条鱼，象征内在的欲望，有了欲望，就有所造作，烦恼也像满天追逐的乌鸦，紧紧跟随我们，日夜不得安宁。

烦恼与菩提，

一体不二，

若以「去除」的概念处理，

永远无法证得菩提。

口中说好话，
口出香光；
眼睛行注目礼，
眼照灵光；
专心听讲，
耳放清光；
为人做事、
行善布施，
通身是光。

世间上有两种清净人，

一种是断除诸恶的圣贤；

一种是犯错改过的人。

这两种人，同等尊贵，同等清白。

河流越深，越是无声；稻穗越丰盛，越贴近地面。

《大方广如来秘密藏经》中，佛陀与迦叶有一段对话：

“迦叶！如百千岁，极大暗室，不然灯明；是极暗室，无门窗牖，乃至无有如针鼻孔，日月珠火，所有光明，无能得入。迦叶！若暗室中，然火灯明，是暗颇能作如是说：我百千岁住，今不应去。”

迦叶白言：“不也。世尊！当然灯时，是暗已去。”

佛言：“如是迦叶！百千万劫所造业障，信如来语，解知缘法，修观察行，修于定慧，观无我无命无人无丈夫等，我说是人，名为无犯无处无集。迦叶！以是事故，当知羸劣诸烦恼等，智慧灯照，势不能住。”

烦恼的根源，在于不明真相，在于世间种种生起贪爱欲求，百千岁犹如身处暗室，因此佛陀要我们对现起的诸相不住于心，更而深观因缘本末，逐步观照内心微细动念之相，在念念来去起伏间，了悟不实，度一切苦厄。

一休的意义

一休到五休，人间万事休，当放下时放下，无束无缚，生死好来好去。

日人一休宗纯禅师，是室町时代禅宗临济宗的著名奇僧，别号狂云子。他视禅宗禁欲教条为无物，往来酒坊淫肆，作风放荡不羁。其作为并非要做禅门离经叛道的狂徒，而是以狂放疯癫撞破世人执迷，踏实过个真实人生。

曾有人好奇宗纯禅师为何法号作“一休”？宗纯禅师说：“一休万事休。”说罢，又改口：“一休不好，以后要叫二休才好。”

“二休怎么好呢？”

“这个二休嘛！就是生要休，死也要休。生死一起休才能解脱；烦恼要休，涅槃也要休，烦恼涅槃一起休，二休最好。”

信徒一听，非常赞同，连声叫好："不错！不错！二休比较好。"

一休禅师白眼一翻，又摇头了："二休不好，三休才好呀。"

信徒觉得奇怪，追问说："三休怎么好？"

"你老婆今天跟你吵架，像个母老虎，最好是休妻。"

一休禅师板着脸继续说："做官常常要奉承逢迎，也很辛苦，最好休官。社会上谤议丛生，唇枪舌剑也很累，最好休争。能够休妻、休官、休争，三休岂非最快乐！"

信徒一听，击掌称妙，更是大点其头："不错！不错！三休的确好。"

一休禅师脸色一正，大摇其头："四休更好。"

信徒一愣："四休怎么好啊？"

"酒、色、财、气，四样孽障一起休最好！"

望着一休禅师的庄严神色，信徒衷心悦服，顶礼说："四休实在好！实在好！"

一休禅师却又微笑起来，摇摇头："四休不好，最好五休。"

"哪五休？"

"人生最苦就是为了无底海这张嘴。"一休禅师张嘴伸舌示意："要吃饭，要工作，为一口衣食奔波忙碌，所以受种种苦，假如五脏庙一休，不就众苦皆休，通通都没事了吗？"

幽默的一休宗纯禅师，从言语游戏道尽人生万事，阐发诸佛妙谛。一休到五休，人间万事休，当放下时放下，无束无缚，生死好来好去。

师父背女人

舍下心头妄想的重担。

一休禅师带着徒弟出外弘法，路途中遇到山洪爆发，冲毁桥梁，师徒两人不得已，只好涉水而过。正当师徒两人准备渡河时，一位年轻貌美的小姐，焦急地在河岸边踱来踱去。一休禅师上前问道："你有急事要到对岸去吗?"小姐回答说："我要到对岸西村探望病危的母亲，桥梁给洪水冲毁，没有渡船可坐，我不知道怎么办才好。"一休禅师想了一下说："我就背你过河吧!"年轻的小姐原本忌讳男女授受不亲，后来实在也没有办法，看对方是修行的出家人，应不会有什么逾矩的行为，也就应允了。

一休禅师背起年轻小姐涉水而过。身旁的徒弟，因不知道事情的来龙去脉，心中生起怀疑，认为师父言行不一，平日教导我们要远离美色，今天看到一个美丽的小姐，就欢喜地背她过河。

日子一天天过去，徒弟始终放不下“师父背女人”的心结。终于有一天到法堂，向一休禅师吐露不满的心声，一休禅师听完徒弟的话，在桌子上用力一拍：“哎呀！你实在太辛苦了！我背女人，过河就放下了，你为什么把那个女人背在心上，背了这么久！”

心上的是非分别，人我的爱恨拣择，人间的功过取舍，这些杂念、妄想、疑惑、无明的重担，压得我们喘不过气来，更平添几许庸人自扰。

《华严经》形容佛的世界是舍重担、离痴、寂静、安稳行，等等。当我们舍下心头妄想的重担，身心才能远离痴爱的风波，看到内在的寂静，并且从寂静中，看破世间的重重幻相，过一个安稳无忧的觉者生活。

甘露与尸骨

若人欲了知，三世一切佛，应观法界性，一切唯心造。

韩国有一位元晓大师，是彻悟“三界唯心，万法唯识”之理而悟道。

元晓大师一次外出，夜幕低垂，他已经走得又饥又渴，可是荒郊野外哪有居住之处？正在饥渴万分时，忽然看到路旁有一塘池水，于是伏下喝水。池水入口，一阵甜美之味如清凉甘露，干渴的他喝了个饱，感到无比欢喜清安。随后，元晓大师任意在山边树下找个地方，暂住一宿，打算等到明天一早再赶路。

隔日，晨曦光灿，他整理行装继续赶路，走到昨天夜里喝水的池塘边一看，竟然水里沉积着好多动物的死尸骨头。

这一看，想到昨天在水塘里喝了那么多的水，一阵恶心涌现，像是要把昨晚喝下的水一吐而尽。刹时，昨夜喝水时甜美清凉的感受浮现，甜美恶心交叠如暗潮不停侵袭着他。他一怔，明白昨夜与今晨，甘露与尸骨，不过万法一心！

人间万事皆一般，却因一心的变化千差万别。意识分别，造作不同的感受与境界，不一的感受，酿成有情众生恒河沙数的善恶心念。生死的祸端由此心，解脱成圣也由此心。以至《华严经》点出："若人欲了知，三世一切佛，应观法界性，一切唯心造。"

佛法大海，珍宝无尽，纵是一言半语，只要通达深入，句句都能悟道。

红叶飘落满天

生时认真如实生活，死时坦坦然然接受，才是大勇无畏、大智洒脱的人生！

日本德川时代禅僧大愚良宽，也是著名的诗人和书法家，天性纯真，生活平实。

禅师的一生留下许多美诗好字，像是“生涯懒立身，腾腾任天真。囊中三升米，炉边一束薪。谁问迷悟迹，何知名利尘。夜雨草庵里，双脚等闲伸”。还有“时登大悲阁，极目望云烟。松柏千龄外，清风万古传。四序鸟相和，冷泉常潺湲。谁能出尘累，逍遥碧山巅”。诗中表达他一派乐于清贫的自在，与不拘尘世的逍遥，教人玩味不已。他也留下不少值得我们细细省思的故事。

根据《理科年表》一书记载，良宽禅师七十一岁时，越后国发生六点九级的大地震，酿成一千多人死伤、九千多户房屋倒塌的灾情。朋友山田社派人关心良宽禅师，禅师也寄了一封书信感谢山田社的浓情盛意，并通报平安。书信内容是："地震实在可怕。所幸贫僧的草庵无事，家人也安然无恙，幸甚！幸甚！然而，灾难到来时随遇而安，死亡临头时欣然而受，此乃脱离灾难之妙法也。"

生时认真如实生活，死时坦坦然然接受，才是大勇无畏、大智洒脱的人生！这样的大勇大智更在他临终时表现得极尽淋漓：七十四岁的良宽禅师于生死之际，提笔写下一首诗偈，在众人围绕下安然辞世：

同澈里边
也照见外边
红叶飘落满天

诗是极美极真的，生命之境是涵盖大千，笃定而踏实的。良宽禅师以诗写境，我们也能以境练心，在一切好坏境中，练得生死起灭的放旷洒脱，自然无牵挂。

战马拉磨

平日学以致用固然重要，备而无患也同样不可忽视。

在古印度时，有一个国家由于国力强盛，备受各国尊重。这个国家的国王也因而成为各国之间的盟主。

国王为防御外敌，养了五百匹战马，作为战备之用。由于多年来各国和平相处，朝中诸多大臣怨怪："养着许多战马有什么用?"他们强烈主张："不应该浪费国家公帑，应该把这些战马改为他途使用!"

国王认为众臣说得有理，于是下令：蒙上马的眼睛，让它们转做拉磨工作。月复一月，年复一年，这些战马蒙起眼睛天天拉磨，将米、麦磨成米粉、面粉，战马也因此习惯旋回的动作。

可是，不幸的事终于发生，其他国家得知该国的战马被用去拉磨，便发动战争攻打这个国家。一时之间，这个国家赶紧把这些拉磨的战马赶到前线打仗。谁晓得，这些战马因为久已拉磨成为习惯，早已忘了如何冲锋陷阵，只晓得原地打转，这个国家也就一败涂地了。

“养兵千日，用兵一时。”国家的安全防卫、人民的安居乐业，都得靠战备的力量，切莫因为一时的和平，误以为没有战争、世界太平；也不因国力的强盛，而废止国防设备，否则一朝外敌入侵，后果就不堪设想了。

国家如此，个人亦复如是，平日学以致用固然重要，备而无患也同样不可忽视，在紧要关头时，“养兵千日”所积蓄的力量，就可以实时发挥作用。

头的贵贱

当一个人能够向一切众生礼拜恭敬，身体虽然是低下了，但心反而显得至高尊贵。

佛陀的时代，印度的波斯匿王是位很虔诚的佛教徒。每次看到佛陀和诸大弟子都要磕头礼拜，大臣们看了颇有微词，经常劝谏他："大王，您是一国的主宰，身份尊贵无比，为什么看到比丘就顶礼，难道大王的头那么低贱吗?"

波斯匿王听后不发一言，内心思量着如何让大臣了解贵贱的区别。于是用了一个办法，差人拿布包裹着一个猪头，到市场叫卖，却特别嘱咐那位差人要在市场上说："这是波斯匿王的头，特卖五十元。"结果市场上的人都吓得纷纷走避，唯恐惹祸上身。

过了几天，波斯匿王又差人把猪头拿到市场上叫卖，说："新鲜的猪头，特卖一百元，想买要快哦!"果然大家争先恐后地抢购。此时波斯匿王就趁机责问大臣们说:“你们看,一个低贱的猪头都可以卖一百元,我的头只卖五十元却没有人要,你们却说我的头尊贵无比,到底尊贵在哪里呢?”

什么叫尊贵?什么叫下贱?不是说王的头就叫尊贵,猪的头就是下贱,贵贱的标准来自人的心中,头哪有分贵贱呢?譬如,欢喜山边别墅的幽美,即使免费招待你住在五星级的大饭店,也不觉得有什么价值。

一般人都喜欢用二分法,但在佛法中,强调的是不二法,没有高贵低贱、是非、美丑的差别,因为一有了分别,就不能平等地待人接物,那损失的就是自己。波斯匿王明白,恭敬心才有最崇高尊贵的价值,因此能看破王头虚假的价值,向佛陀、诸大弟子礼拜,得到礼敬的无上功德。

佛门里面,合掌代表恭敬,礼拜代表恭敬,合掌礼拜代表身心升华与圣贤同在。当一个人能够向一切众生礼拜恭敬,身体虽然是低下了,但心反而显得至高尊贵。

三八二十三

世间事，是是非非没有绝对，但看所处的立场、角度。

颜回在孔子门下七十二贤人中，以德行著称，孔子称赞他具备君子四德——强于行义，弱于受谏，怵于待禄，慎于治身。他对孔子敬仰有加，无事不从。

有一天，颜回到街上办事，看到一家布店门口有两个人为着布料的价格争论不休。卖布的要向买布的收二十四块钱，但买布的喧嚷着："一尺布三块钱，八尺布应该是二十三块钱，为什么我要付二十四块钱？"

颜回认为买布的人无理："这位仁兄你错了，三八是二十四，你应该付给人家二十四块钱才是。"买布的人一听，转过头，戟指怒目："你有什么资格说话？只有孔夫子有资格评断，咱们找他评理去！"

颜回说："那好！如果他说是你错了，怎么办？"买布的人说："如果我错了，我就把头给你，但如果是你错了呢？"颜回说："如果是我错了，我就把头上的顶冠输给你。"

在孔子处所，颜回将整件事情的来龙去脉与孔子说明。只见孔子面带笑容对着颜回说："你输啦，三八就是二十三！你把帽冠取下来给人家吧！"对于老师判定的结果，颜回唯命是从，但心想：老师真是老糊涂了。若有所失的颜回，隔日借口家中有事，准备请假回家。孔子虽明白颜回的心事，却不说破，只嘱咐他："千年古树莫存身，杀人不明勿动手。"

回家路上，天空乌云蔽日，雷声大作，颜回赶紧躲进一棵树干中空的古树，忽然想起老师说"千年古树莫存身"，随即离开古树。这时，一个闪电竟把古树劈成了几块。

颜回心存余悸，连夜赶回家里。夜深人静，他不想惊动熟睡的家人，只用随身佩带的宝剑拨开门栓。进了屋里，发现床上睡了两个人，霎时怒气填胸，才要举剑，又想起孔子的话"杀人不明勿动手"，点灯一看，原来是妻子和妹妹。

颜回大惊，不等天明就迫不及待赶了回去。一面向老师忏悔，同时感谢老师的话救了自己、妻子及妹妹的命。

孔子低声温和地说："我知道你不服我的判决，动了不想与我学习的念头。我问你一句，是生命重要，还是帽冠重要呢？"

颜回答："当然是生命重要了。"

孔子说："这就对了，如果我说三八是二十三，你输的只不过是一顶帽冠；如果我说三八是二十四，买布人输的可是一条人命呢！"

世间事，是是非非没有绝对，但看所处的立场、角度。就像颜回与买布的人，谁是？谁非？常人以为三八应是二十四，是站在数字的原理看，孔子却认为三八应是二十三，因为他看到的是事物的轻重价值。

妄下定论是一般人常有的惯性，虑事缺乏周全，不懂瞻前顾后，或者因小失大，或者伤人害己。奉劝各位，在下决定前，不妨自问：究竟"生命"重要，还是"帽冠"重要？

十七头牛

在满人所愿的同时也圆满自己。

帮助别人是最好的结缘方式，在欢喜、和乐的气氛当中，为彼此增添好因好缘，不仅对方受惠，自己也获利。富兰克林说过："穷其一生努力追求成功，是很正当的事；不过，当你成功时，别忘了慷慨跟别人分享，然后恬淡地拍拍手走开。"分享、布施是一件令人愉快满足的事，因为那意味着自身富有，透露出至真至美的心地。更为神圣的是"无所着"的发心，不会造成彼此的负担。

有一户人家，父亲往生时，留下了十七头牛，遗嘱上写明，其分配方式是大儿子得二分之一，二儿子得三分之一，小儿子得九分之一。十七头牛的二分之一或三分之一或九分之一皆非整数，令三个儿子非常苦恼，甚至发生口角。

有一位长者，每天看着三兄弟吵闹不休，为了息事宁人就将自己仅有的一头牛送给他们。如此一来，十七头牛加上长者的一头，共十八头牛，其二分之一是九头牛，三分之一是六头牛，九分之一是二头牛，一共是十七头牛不多不少，于是兄弟三人便把多余的那头牛还给长者。

一阵忙碌后，长者不但没有丝毫损失，反而替三兄弟解决了天大难题。

《四分律》谈到布施之益，诠释“所为布施者，必获其义利，若为乐故施，后必得安乐”。布施，能在给人欢喜的同时，自己也培植大悲心，远离悭贪，招感无量福德。其中又以无相布施最为殊胜：能够随缘、随力、随喜、随心而行布施，所获得的果报遍法界虚空，世世受用。

日常生活中，口说好话、身行好事、面上无嗔、勤劳作务、服务大众，行住坐卧常行布施，扬眉瞬目都是布施，点滴付出皆功不唐捐，在满人所愿的同时也圆满自己，何乐不为也！

用人不疑的胸襟

处人处世，宜在有疑处不疑，以宽厚诚谨之心待人，别人也将以宽厚诚谨之心待之。

孔子有个学生叫宓子贱，奉鲁哀公的命令担任亶父县令。他怕自己远在亶父负责县治，哀公会听信小人的谗言，给自己太多的限制，无法按照自己的理想治理亶父，便向鲁哀公请求派两位吏使，跟他到亶父帮忙。哀公爽快地派了两位心腹跟随他。

到了亶父后，宓子贱随即视察民情，并着手治理亶父事宜。宓子贱口述计划，命两位吏使记录。每当吏使记录时，宓子贱就扯吏使的袖子，吏使被宓子贱一拉扯，字迹就歪斜不堪，宓子贱一见，勃然大怒，破口大骂。他越骂，吏使越心惊胆跳，连笔都握不住。如此反复再三，吏使视眷写文书为苦，最后只好请辞。

两位吏使回到朝中，向鲁哀公诉苦："替宓子贱做事真难，叫我们记录文书，却在一旁拉扯我的手肘，使我字写坏了，他却又大骂。”哀公知道宓子贱的用意，叹气说道：“宓子贱真会曲意谏言，他是谏劝我不要对他治理亶父有太多的干涉。”

用人不疑，疑人不用。任用一个人，事前对于他的品格、能力等，最好先有评估与认识，待确定他能够胜任，就该全权信任且授权，如此，容易激起被任用者对工作的热忱，甚至激发“士为知己者死”的豪气。

大凡仁人君子，处人处世，宜在有疑处不疑，以宽厚诚谨之心待人，别人也将以宽厚诚谨之心待之。或许有时不免遇上蓄意诈骗的人，却不损自心磊落光明。求学问道，则该于不疑处有疑，如此才不致成为人云亦云的应声虫，或许短期内无法有重大的突破，但日积月累的思虑功夫，将能为自己找出一条光明的大道。

墨子生病

眼睛要消化声色犬马，耳朵要消化道听途说，大脑要消化信息知识，心灵要消化善恶是非。

墨子生病时，弟子跌鼻来探望他，就在枕边疑惑地问："常听老师说，鬼神确实存在，具有带福祸的力量。能够降祸或赐福于人，给善者带来福，给邪恶的人带来祸。老师您是圣人，为何会生病呢？是否您说的话不正确，还是鬼神根本就没有制裁人的力量？"

墨子说："虽然我生病了，但你马上就把我和鬼神扯在一起是不恰当的。造成生病的原因很多，如风寒、疲劳、营养不均等等都是。你的想法就是看见许多扇门，而以为只要关闭其中一扇，这样子小偷就不会来了。"

墨子教育的是，凡事要有整体观念，不要像瞎子摸象，只知其一，不知其二。

我们在吸收信息时，最怕囫囵吞枣，不知道判断思考，失却自我的立场；面对流言时，最怕人云亦云，不懂得明辨是非，做了随波逐流的是非人。做学问，就怕只是涉猎一二，没有深入钻研，成了知识的半吊子；看人看事，就怕只看表面、看一时，便妄下定论，做出决策。

《佛光菜根谭》里写道：“眼睛要消化声色犬马，耳朵要消化道听途说，大脑要消化资讯知识，心灵要消化善恶是非。”六根能造作恶业，六根也能修持善法，凡事多听闻，多思维，多反省，多消化，多力行实践，要能周顾十方，深观因缘本末，切莫以为关闭了一扇窗，就能高枕无忧了。

管仲治国

用人，必须相信人，给予对方展现的机会、条件。

春秋时代，管仲辅佐齐桓公“九合诸侯，一匡天下”。管仲原本是齐桓公的仇人，由于鲍叔牙的推介，齐桓公不但不把他当仇人，反而释放他，并给予他官职辅助治国。

管仲是一个人才，却久久对国家没有什么贡献，齐桓公就问他：“你怎么都没有一点表现呢？”管仲说：“我是一个没有钱的穷光蛋，但现在的社会都向钱看，我必须要富贵，别人才会听我的话，才能治理国家。”齐桓公一听，便给管仲不少钱。

但管仲有了钱以后，也没做什么事，于是齐桓公又再问：“为什么你现在还是对国家没有贡献呢？”管仲回答：“大王，做什么事必须要有什么地位，可是我现在的官职，既无地位也没权力，我怎么会有什么贡献呢？”齐桓公一想也对，便给他做宰相。

但是做了宰相的管仲还是不做事，齐桓公又问："你已经做宰相了，怎么对国家还是贡献有限呢?"他说："大王，你与我很疏远，大家都知道我过去对你不好，大臣们怎么肯相信我呢？大王必须与我很亲密，全国的人民才会相信。"所以齐桓公便称管仲为"仲父"，就是老师、师父，好像父亲一般。由于齐桓公将管仲当父亲看待，管仲便从此开始展露长才，九合诸侯一匡天下，让齐桓公成为春秋五霸的盟主。

用人，必须相信人，给予对方展现的机会、条件，才会有所作为。齐桓公是一个会用人的明君，管仲也是一个做事能手。有会做事的能手，也要有会用他的明君。所谓千里马也要伯乐，伯乐也要有千里马，领导者和部下彼此是息息相关的，必须相互了解尊重。

管仲是仁者

人生是污秽的川流，要涵纳这川流而不失其清洁，人必须成为大海。

子路问孔子：“管仲是怎么样的人？”

孔子回答：“是仁者。”

子路又问：“管仲曾想说服齐襄公施政而没有被接受，是辩才不够；襄公死后，辅佐公子纠却无法得到齐君之位，是能力不足；只身逃出齐国，连累家族而不悲伤，是没有慈孝之心；在鲁国沦为阶下囚而不觉惭愧，是没有羞耻之心；回到齐国出仕当年的仇敌齐桓公，是不忠；召忽为公子纠守节自杀，管仲不死，是不仁。缺失这么多，老师怎么称他是仁者？”

孔子回答：“管仲说服不了襄公，那是襄公没眼光；辅佐公子纠不成，那是时运不济；家族残破而不悲伤，那是豁达知命；身为囚徒而不惭愧，那是自省后的坦坦荡荡；出仕昔日的仇敌，那是知道权衡事情的轻重缓急；召忽殉死而管仲不从，那是因为召忽的才干平平，不死也只是个战败的囚虏，殉死反而可以成为名扬天下的守节之臣。管仲是才堪治理天下的王佐之才，怎么能拘泥小节而置天下万民于不顾？”

史家对管仲的行谊是评为走在是非边际、行事充满争议、得志后不改奢侈僭越的一个人。其实，一个人受褒受贬、得宠得辱，除了视其才能内涵外，时节因缘也占了很重要的分量。有“缘”的人，即使有缺失，也能得到他人的包容体谅；没有“缘”的人，则“欲加之罪，何患无辞”。

不谈其他，在用人之道上，孔子之见可谓深思远虑。用人，除了解对方的长处以适材适用，了解其短处，避免不必要的过失疏漏、防止错误的发生外，也必须洞察时局、纵观因缘。

人生是污秽的川流，要涵纳这川流而不失其清洁，人必须成为大海。用人之道，用人之德，不也若乎？

事情的真相

我们对于事情的判断，若能避开对于表相的迷信，必能对事情的真相，有更正确的认识。

战国时代，宋国与齐国结下了仇怨，宋王害怕齐国来攻，赶紧召人来修筑武苑，以备不时之需。有个名叫癸的歌手也在征召之列，他在工地里，边工作边唱起歌来。路过的人一听到癸的好歌声，都停下来倾听；筑墙的工人，听癸的歌声，即使整天卖力地工作，也不感到疲倦。工人虽然觉得轻松工作，工程的进度却大为超前。

宋王听说了，高兴地将癸召进宫中加以赏赐。癸对宋王说："我的歌唱技巧是老师射稽教的。射稽的歌声比我更好听。"宋王一听到还有比癸歌技更高超的人，立刻请人去把射稽召来，请他在工地上唱歌，以激励士气。

可是，射稽唱歌的时候，路过的人不再停驻脚步，筑墙的工人仍旧觉得疲累。几天后，宋王对癸说："你说射稽的歌唱得比你好，我看不见得。你看，路人不再驻足倾听，工人也不觉得歌声能振奋他们。"

癸回答："王啊，您不能被表面的现象所迷惑，您要去考察老师和我唱歌时的不同效果。我唱歌时，筑墙的人一天只能筑四板，而我的老师唱歌时，工人的进度却是一天八板。我唱歌时，那些工人所筑的墙的硬度，能让长矛戮进五寸；我的老师唱歌时工人所筑的墙，非常坚硬，长矛只能戮进二寸。由工程的进度与质量，可以证明射稽的功力，这就是我说他比我会唱歌的理由。"

宋王从路人是否驻足听歌，和工人是否疲惫，来判断癸与射稽的歌唱技巧的高低，明显地忽略了射稽歌声中，实际振奋人心、激励工作效率的效果。这种粗劣的判断力，是常人易有的失误。

一般人容易被表象所迷惑，然后为许多事物划下刻板印象，例如：看到体形壮硕的胖子，就说"一副痴相"；看到面容黧黑的农夫，就直觉他一定识字不多；看到做生意的，就说"无商不奸"。许多的偏见就由此"想当然耳”地推论而来。其实身材的胖瘦与其才智聪明无大相干，行业与知识学问也并非绝对相等，职业与人品高低，更不能划上等号。我们对于事情的判断，若能避开对于表相的迷信，必能对事情的真相，有更正确的认识。

各有不同

万事万物各有相貌，才显得缤纷多彩。

师旷是春秋时代晋国的乐师，他天生目盲，却对音律有极特殊的敏感度，除了善于弹琴，还能辨音以知吉凶。晋平公见师旷对音律如此专精，便封为“掌乐太师”。他则自称为“盲臣”或“瞑臣”，史称“乐圣”。

师旷的音乐造诣好到什么程度？据说，当师旷弹琴时，能令马儿停止吃草，仰起头来侧耳倾听；觅食的鸟儿暂停飞翔，翘首专注，甚至丢失口中的食物。

有一次，晋平公请人制造一张特殊的琴：琴上的弦没有大弦和小弦的差别，长短和粗细都一样。琴制好之后，他请师旷来试弹。师旷试了半天，也弹不出优美的旋律。晋平公问他：“你不是对琴律很有办法吗？为什么无法成调？”

师旷说：“一张琴中的大小琴弦各有不同的作用。

大弦为主，小弦为辅，大小弦相配合，才能弹出和谐美妙的乐曲。您今天将所有的琴弦制成相同规格，已失去它成为‘琴’的最基本要素了，我这个盲人岂能弹奏成调?”

一张琴之所以有高低音乐，是依靠琴弦的长短、粗细来区别，才能弹奏出高低有致的美妙音符。如果仅为了求外表的统一，而让琴弦粗细一致，就无法达到奏乐的功用。

同样，万事万物各有相貌，才显得缤纷多彩。人群也是如此，外表上有高低胖瘦的不同，才有赏心悦目的人间风景；智力上有贤愚巧拙的分殊，才有趣味横生的社会百态。何况，外貌的妍媸、巨微，都只是一种表相。如果一个人的心境在对照世间万物时，能不随外境的好恶而起伏不定，如《华严经》所言：“如悬镜高堂，无心虚照，万像斯鉴，不简妍媸，以绝常无常之静心，照常无常之圆理。”必定能够减少受外境的干扰，得到心灵的安定和平静。

性好阿谀

一个人一旦有太强烈的好恶观念，难免会有人投其所好。

郭国的国君逃亡在外，他对车夫说："我好渴。"车夫献上了清酒。郭君又说："我好饿。"车夫又献上肉干和干粮。郭君好奇地问："这些从哪里来？"车夫说："我事先储备的。"郭君惊讶地说："你怎么会事先储备？"车夫回答："为了您逃亡在外时，充饥解渴呀！"郭君更讶异了："你知道我会有逃亡的一天吗？"车夫说："知道。"

郭君气愤地说："那你为什么不事先劝谏我呢？"车夫回答说："因为您喜欢阿谀奉承，讨厌听真话。我原也想劝谏您，又恐怕自己死得早，所以不敢劝。"郭君一听车夫的真话，马上不高兴："你说！你说！我为何落得逃亡在外的命运？"

车夫看到郭君那副穷凶极恶的嘴脸，只好改口说：

“全天下的人，再也没有像君主您这样贤明的了，所以您注定要过流亡的生活。”郭君听了，心花怒放，伏在车轼上眉开眼笑地叹气：“唉！贤明的人为什么要受这种苦呀？”

车夫的恭维，使郭君爱虚荣的心理得到极大的满足，心理一松弛，连日逃亡的疲惫涌上心头，就睡着了。车夫见到不识时务、浮夸如昔的主人沉沉睡去，悄悄地将干粮放在郭君的枕下，偷偷溜走了。暮色来临，独自沉睡在野外的郭君，成了饿虎的晚餐。

一个人一旦有太强烈的好恶观念，难免会有人投其所好。故事中的郭君虚妄浮夸的心态，连车夫都了若指掌。不仅导致亡国，在生死关头，犹沉浸在虚谬中，直到死亡仍不愿正视自己的弱点，真是可笑复可怜。

人难免会有缺点，但千万别让缺点成为致命伤。不管处在平步青云的快意中，还是落寞潦倒的失意里，都要记得在心里挪出一个位置，接纳别人的忠告，并让谏言成为自己生命的活水。

诚信则灵

信为道元功德母，长养一切诸善法。

晋国的范子华以养食客出名，很受国君的宠爱。凡是他赏识的人，就会得到国君的封赏，因此，到范子华家去的人，和去拜见国君的人一样多。有一次，范子华的食客禾生和子伯外出，晚上住在商丘开的破落房舍中。商丘开隔着薄薄的墙，听见两人夸赞范子华的本领和权势：能够使生者死、死者活，富者贫、贫者富。长期受饥寒所迫的商丘开，决意去投靠范子华。

有天，一群门客随着范子华同登高台游玩。范子华漫不经心地说："谁敢从高台上跳下去，赏百金。"那些门客虽都作势要跳，却只有商丘开当真，抢先从高台往下跳，却也没受伤。又一次，范子华指着急流说："深处有宝珠，潜下水去可以找到。"商丘开果然真的潜到急流下，捞起一堆珠宝。

过不久，范子华指着着火的库房说：“谁能进入火场，抢救出来的东西就归谁。”商丘开勇往直前，进出火中，火舌竟然没有损他丝毫。禾生和子伯以为商丘开有道术，就请求商丘开教他们。

商丘开说：“我哪有法术？只是完全相信子华有让生者死、死者生的本事，他交代的事，都毫无犹豫地去做，根本没有想到能不能成功。现在知道了实情，回想当初的跳高台、入深水和进火场，简直后怕呀！”

《华严经》说：“信为道元功德母，长养一切诸善法。”又说：“信是宝藏第一法。”佛法中相信“诚信”能产生无量的功德，能得到殊胜利益，唯有信根具足的人，才能进入佛法大海。

不仅修行出世法如此，学习世间的学问、技艺也一样，如果不信任老师，怀疑老师的学问、能力，对他所指导的方法屡有质疑，那么，即使跟随再久，恐怕也无法从老师那儿得到真正的教益。

当然，不是对任何的事、任何人都可以盲信、迷信，如上述故事中的商丘开一样，他屡次不死，纯粹是侥幸，有多少人能如此幸运？因此，在深信不疑之前，首要条件是慎择具眼明师。

蜗牛之角

对照无穷的时间，人生在世短暂如电光石火，稍纵即逝。

魏惠王原与齐威王有约，互不侵犯。不意齐威王竟背信毁约，魏惠王很生气，打算叫人去教训齐威王。可是有人赞成，有人反对，让魏惠王左右为难。有位名叫戴晋人的贤者适巧来访，魏惠王趁机请教他的意见。

戴晋人听魏惠王说完，就问他："郊野常见一种小动物，名叫蜗牛，君王知道它吗？"魏惠王说："知道呀！"戴晋人说："在蜗牛的左角上，有一个部族国家叫触氏；它的右角上，有一个部族国家叫蛮氏。他们两国常常为了争夺地盘而争战不休，每一次战役总是要死伤数万人，尸横遍野。胜利的一方，往往要乘胜追击十五日以上才肯收兵。"

魏惠王说："嘿！你这些话太夸张了吧！"

戴晋人说：“这些话是可以被证实的，请让我分析给您听。在您认为，这个天地宇宙，四方上下有穷尽吗？”惠王说：“没有穷尽。”

戴晋人说：“请您先让想象力在无穷无尽的宇宙遨游一番，然后再回来看看地上的这些国家。依您看，这些诸侯国和莽莽苍苍的宇宙比起来，是不是非常渺小呢？”惠王说：“的确如此。”

戴晋人说：“地上的这些诸侯国中，其中一个是魏国；在魏国众多城中，其中一个是大梁城；在大梁城中有一个魏惠王您。依这样子分析看来，大王您，和在蜗牛角上的蛮氏，又有什么区别呢？”魏惠王说：“确实没有区别。”

戴晋人告辞之后，魏惠王兀自沉浸在戴晋人的哲理余韵中，怅然若失。

对照无穷的时间，人生在世短暂如电光石火，稍纵即逝；在浩瀚如恒河沙的宇宙中，地球渺如沙粒，自身立足之地更细如烟尘。可是，一般人却惯在短促渺小的一生一世中，作千年万年计，自以为可以永恒不朽。多少的争夺计较，都是从这样的痴心而起，多少的不甘愤恨，都是从这样的妄想而来，使得短暂的人生，充满痛苦。

白居易有《对酒》五首，其二曰："蜗牛角上争何事，石火光中寄此身。随富随贫且欢乐，不开口笑是痴人。"这是白居易对短暂人世的一种解悟。如果我们都能看清世间的无常性，对任何事都能哈哈一笑，自能消解贪嗔痴妄所带来的诸多烦恼。

人才是国宝

当政者、教育家应当有人才是国宝的观念。

春秋战国时代，齐威王和魏惠王两个人一起去打猎。打猎时，二王谈起各自拥有的国宝，比赛谁的国宝最大。

魏惠王说：“我的国家有一种了不起的夜明珠，像桃子般大小，如果把它放在前面的车上，就可以照到后面的车，甚至能够照亮十二辆车。这种夜明珠我拥有十二颗，你们齐国有吗？”

齐威王：“没有，我的国家没有这样的宝贝，我国是以人才为宝。任谁都可以担任宰相、将军、谏议大夫。我只要拥有一个人才，他的光明就能照遍全国百千万里，比一颗珠子的功用更大。”

魏惠王一听：“惭愧！想不到你有这样的宝贝，胜过魏国多矣。”

一个国家并非故宫博物院、历史博物馆，以收藏宝贝珍物为尊，也不是国库，以金银财宝为贵。一国之宝，应当是衡量国家的人才多少。

国家有人才，兴盛有望。具备政治人才，能治理国家不乱，安和乐利；经济人才，发展国家建设，民丰物阜；教育人才，培植新血，世代交替；军警人才，保家卫国，安定社稷。人才如成就树木长大的阳光、空气、水与土壤，能够发挥各自的专业能力，让树木枝繁叶茂，庇荫人民。

当政者、教育家应当有人才是国宝的观念，培养人才当仁不让。佛光山创办的教育事业即是基于这个理念，倾心力培养社会新血液，替国家造就可以立足各领域的无价国宝。

祁黄羊荐举人才

外举不避仇，内举不避子。

《吕氏春秋》中，有一则记载：一回，南阳县令出缺，晋平公问祁黄羊："你认为谁可以胜任？"祁黄羊想了想回答："解狐可以胜任。"

晋平公不解："解狐不是与你有怨仇吗？"祁黄羊解释："国君是问谁适合出任，并没有问臣的仇敌呀！"晋平公深表赞许，于是任命解狐为南阳县令。

未久，晋平公又问祁黄羊："国家目前需要一位军尉，你认为谁适任此职？"祁黄羊想了想，郑重地回答："祁午可以。"晋平公问："祁午不是你儿子吗？"祁黄羊面不改色，答道："国君是问谁适合出任，并不是问臣的儿子呀！"晋平公更是赞赏祁黄羊为国举才，至公无私之德。

晋国大夫祁黄羊处事公正、任人唯贤，以国家为重，不记仇，不避亲，孔子也赞："祁黄羊外举不避仇，内举不避子，真是一位至公无私的君子。"

一个以大局为重的人，他无私无我、正直无邪，懂得权衡轻重，不会以自我为中心，就像祁黄羊在举荐人才上，只考虑一个人的才德与适用性，举荐怨仇而心无嫉妒，举荐儿子仍一派正气。

在常人眼里，往往爱憎分别，难有平等公正，以"虚妄分别"的心看待世间一切，对人有差别，对事物有喜恶，而衍生出诸多烦恼，产生人事上种种计较、摩擦。

若能泯除心识的虚妄分别，不住于事相，就能具足无我相、无人相、无众生相的智慧，具足至公无私的胸怀。届时一双慈悲眼，世间万相皆一般，心地更是风怡月朗、坦坦荡荡。

是橘是枳

人就像水，环境就像各具特色的颜料，注入不同的颜料，水就会呈现不同的色彩。

晏子是春秋时齐国的大臣，聪慧机智，忠心爱国，虽然身为一国将相，却从不恃势欺人，他勇于劝谏，而且勤俭惜福，因此深得民众爱戴。《史记》中除了记载晏子劝谏齐景公不用刑罚的事迹之外，他出使吴国和楚国的故事也是十分精彩，令人回味无穷。

有一次，晏子将出使楚国，楚王就与周遭的人商议，想借机羞辱他。当楚王与晏子站着讲话的时候，侍卫押着一个被绑的人从他们面前经过。楚王就问："他是哪里人？"

"齐国人。"侍卫回答。

"犯了什么罪？"楚王又问。

"偷盗罪。"侍卫高声说。

这时，楚王转身问晏子："齐国人喜欢偷盗吗？"

只见晏子不慌不忙地说："我听说江南有一种橘树，如果生长在淮水以南，吃起来就是橘子；如果生长在淮河以北，就变成枳。这是由于不同的地理环境而造成。齐国人在齐国并不偷盗，如今来到楚国就偷盗，大概是受了楚国人的影响吧？"

楚王听了，只得对人说："圣人是不能和他开玩笑的，我是自讨没趣了。"

昔日孟母三迁，就是因为明白"环境造人"的力量；所谓"时代造英雄"，更是说明大环境的影响力。从这个角度来说，人就像水，环境就像各具特色的颜料，注入不同的颜料，水就会呈现不同的色彩。一个人，在安逸舒适的环境中，容易心生懈怠；在人才济济的环境中，自然懂得精进用功；在五光十色的环境里，容易迷失自心；在书香满溢的环境里，自能养成读书的好习惯。

因此，为自己，为孩子，乃至为我们下一代的青年，打造一个优良的环境，是非常重要的。

韩信封王

以关心代替干涉，能赢得部属的感恩心；以服务代替要求，能引发部属的惭愧心。

在司马迁《史记·淮阴侯列传》中，有一则记载：韩信平定齐国，派人报告汉王刘邦："齐人狡猾多变，南边又靠近楚，如果没有人代理齐王统治，势必不安定，我希望先代理做齐王。"

这时，楚军正在荥阳紧紧包围着刘邦，韩信派的人一到，刘邦拆信一看，大发雷霆："我被困在此地，早晚都巴望着你来解围，你竟想自立为王！"

侧立在旁的张良赶紧踩了刘邦一脚，刘邦明白张良的用意，才又接下去骂："再说，大丈夫要做就做真王，做什么代理的！"于是，派遣张良前去封韩信为齐王。

暂且不论历史的成败与评价，单就"用人"而言，刘邦若不知放权，不但无法解决现下被楚军围攻的困境，甚至将丧失一名将才。

用人，须具备高深的学问与谋略，纵使手握残兵败卒，只要善于运用，也能成为横扫千军万马的精兵猛将；就怕胸无大量，容不下属下的才能光辉，要不就执位掌权、事事干涉，让属下感到“英雄无用武之地”，无法发挥所长，要不就是无智的领导，致使组织松散，属下无所适从，看不到未来。诸如种种，都不是上等的领导者，倘若想要有所作为，想要下属服从、奉献，不调整用人的心态与方式，那便是痴人说梦了。

在《佛光菜根谭》中，我建议一个领导者应以关心代替干涉，能赢得部属的感恩心；以服务代替要求，能引发部属的惭愧心；以教导代替命令，能提高部属的学习心；以奖励代替责怪，能增长部属的精进心。一份同事心，一个“代替”，带来的会是无价的收获。

以德为先

用智慧、德行庄严一切更为实在、可贵。

许允是曹魏高阳人，他的妻子阮氏是阮卫尉的女儿，也是阮德如的妹妹。洞房之夜，许允见新妇长得其貌不扬，便不想再进新房，家人为此都很担忧。当晚，正好有客人来访，阮氏便叫婢女去探听，婢女回报说："是桓范。"阮氏一听，说："不必担忧，桓范一定会劝许允进房的。"果然，桓范规劝许允："阮家嫁个丑女给你，必定有他们的用意，你应该仔细考虑才是。"

许允听了桓范的话，进了新房。但是一见丑妇，立刻又想冲出来；阮氏知道许允这一出去，必定不会再进来，于是捉住他的衣襟。许允被这一捉，实时转身，气势熏灼地问妻子："女子应有四德，所谓妇德、妇容、妇言、妇工，请问你有几德？"阮氏回答："四德之中，我具备三德，唯独少了妇容而已！"阮氏又反问他："君子有百行，你具备几行?”许允说:“我百行皆备。”新妇讥嘲道:“君子百行,以德为先;你今日见我,好色比好德过之,竟然还说百行具备。”

许允听了阮氏的当头棒喝,自觉羞惭,后来两人恩爱有加,白头偕老。

贪着外相,是一般人的惯性。好美貌、贪外表,只注重表相上的华丽风光,却不知用智慧、德行庄严一切更为实在、可贵。《世说新语·贤媛篇》这一则记载,透过阮氏的言谈见识,表现出有涵养、德行的女子,一种柔顺中具大气的风范,便是一个实例。

追求美,并无过错,只是过分贪求,或者伤及他人,或者丧失道德,或者忘失自性,或者不明世间真正“美”的价值与内涵,就显得可惜了。但愿天下男男女女,都能看清世间真实相,认清自我的价值,展现各自独一无二的“内在美”!

姓释的故事

河流越深，越是无声；稻穗越丰盛，越贴近地面。

佛法东传之初，境内的外国沙门多以国家、种族为姓氏，例如安息国的安世高大师，而中国汉僧则用俗姓，或依师父之姓为姓。直至东晋道安大师提出凡出家僧人一律不用俗姓，改以“释”为姓，由此成为中国佛教僧团的定规。这其中，有一段饶有意趣的故事。

襄阳地方有一位名士习凿齿，听闻道安大师学富五车，领众四百人却秩序井然、不失规矩。他想：一个出家人，能有怎样的作为呢？一天，他到檀溪寺拜访道安大师，正值寺僧用斋时间。他走进斋堂，僧众起身作礼，独独道安大师不为所动，径自用斋。

习凿齿厉声说：“四海习凿齿来看你啦！”道安大师应声：“弥天释道安无暇相看。”习凿齿不悦：“头有钵上色，钵无头上毛。”道安大师回：“面有匙上色，匙无面上坳。”习凿齿心有不服，更是夸言：“大鹏从南来，众鸟皆戢翼。何物冻老鸱，腩腩低头食。”道安大师又对：“微风入幽谷，安能动大材。猛虎当道食，不觉蚤虻来。”道安大师的机辩，让当时的习凿齿不禁为之折服，后来更皈依大师，成为莫逆之交。

两人的名字，虽然出语浅显，含义却深，在一来一往谈话中，成了千古不朽的绝对。中国僧人姓氏也因道安大师的主张，及《增一阿含经》的翻译，其中：“四大河入海已，无复本名字，但名为海。此亦如是，有四姓，云何为四？刹利、婆罗门、长者、居士种，于如来所剃除须发，着三法衣，出家学道，无复本姓，但言沙门释迦子。”由此，凡是出家人都改以“释”为姓。

常言道：“河流越深，越是无声；稻穗越丰盛，越贴近地面。”谦谦君子，往往懂得以卑逊来涵养自己的德行，反之，内在空虚的人，才喜以骄傲、不可一世的态度，来掩饰自身的浅陋。诚如故事中，道安大师的谦卑，与以慈悲点拨傲慢的习凿齿，在在展现出一位谦谦君子的风范。反观现代人，一点成就便趾高气昂、忘了自己，如此傲慢的态度能不省乎？

佛道比法

一粒粟中藏世界，半升铛内煮山川。

汉明帝夜梦金人，为一句“西方有大圣人也”，而派蔡愔等人出使西域，礼请印度高僧迦叶摩腾与竺法兰到中国弘法。这时，是汉明帝永平七年。

佛法随着高僧的脚步，于焉开展。由于因缘殊胜，上自大臣，下至百姓无不虔诚信奉，一时蔚然成风。此番风气引起道教侧目，进而请求汉明帝让佛道公开比法，彼此较量。于是一场中国佛教史上有名的佛道比法，就此拉开序幕。

当天，比法台上，一边是气焰熏人的道士，一边是泰然自若的迦叶摩腾与竺法兰。双方坐定后，道士首先发难：“你们不是以善说义法而自诩吗？那就先比论说吧。哼！你们若举一，我们必定反三。”迦叶摩腾听后，把一只脚举起来，缓缓地说：“现在已经举了一个，请你举两个给我看。”道士顿时目瞪口呆、手足无措，又急于掩饰自己的惊慌，随即说：“不与你逞口舌之能。”

“来比理论好了。你们自称是内学，道家是外道，但自古以来讲内外的，总是内不比外大，凭这点您们就该尊重我们呐！”迦叶摩腾笑说：“天子居内宫，百姓居外城；内宫虽小，天子却大。心在体内，手足在体外，心的活动无量无边，手脚的运作却很有限。想想，佛教的内学比外道大得多！”道士又是一阵咋舌。

道士明白强辩无效，为了挽回颓势，使出最厉害的本领来：“比法术吧！”于是桌分两排，一排放置道教经典，一排是佛经舍利，道士手捏七罡脚踏五行，口中念念有词的举起三昧真火，要烧佛经舍利，念着念着，反是道教经书烧了起来，而佛经大放光芒。迦叶摩腾袍袖一挥，纵身飞上天空说法：“狐非狮子类，灯非日月明。池无巨海纳，丘无山岳嵘。”经过这次的比试，佛教在中国深深扎下了根。

大凡喜逞口舌之能者，往往言过其实，却胸无点墨，时间一久便被人勘破。而经纶满腹的人，懂得人我本一体，内外一如，总是谦卑如稻穗，不轻忽任何一人，任何一事。因为饱学之人深明《嘉泰普灯录》所言：“一粒粟中藏世界，半升铛内煮山川。”一粒小米、半升铁锅，虽微不足道，却是大千世界的缩影，我们当以慧眼视之，就能在掌中把握无限，于刹那间把握永恒。

点金术

一切万法不离自性。

唐朝时，吕洞宾向汉钟离学习点金术。有一天，吕洞宾好奇问汉钟离："因点金术而变成的黄金，会不会还原？"

汉钟离回答："要经过五百年后，才会恢复原状的石头或铁。"

吕洞宾喟然，说道："如果是这样，岂不害了五百年后的人吗？我想还是不学点金术好了。"

汉钟离赞叹道："修道成仙要累积三千年的功行，就凭你这一句话，三千年的功德就已经圆满了。"

汉钟离认为，修道成仙究竟的意义在于心念的纯净善美，若是一味追求神通异术，尽管修学三千年、三万年都难以圆满。

修学佛法亦如是，诚如《观楞伽经记》所言："谓诸佛如来本无法可说，其所广说一切法者，皆为随顺众生种种解欲，破彼希望烦恼，令转心意意识故耳。所谓佛说一切法，为治一切心，若无一切心，何用一切法?”以致五祖弘忍在为惠能讲述《金刚经》，说到“应无所住，而生其心”处，惠能大悟“一切万法不离自性”的道理。

佛陀说法如是，佛弟子在受持戒法、念佛持咒、礼忏诵经、禅修经行时，是否系念着佛陀这般用心，还是只在形式、外相上琢磨不已，不明白一切修持的根本应是在心上用功夫，将心修得柔软，修得圆融，修得无动无摇、无牵无挂，才能在一段的跋山涉水后，看见生命辽阔的景致。

不是矛盾

事和理，有的时候事中有理，有时候理中有事。

唐朝一个读书人李渤，读过的书达万卷之多，人称他“李万卷”。他到智常禅师的道场参观，经过了客堂，看到客堂里面挂了一副对联，对联上面写着“须弥藏芥子，芥子纳须弥”。李渤一看这种对子不通，“须弥藏芥子”须弥山极大，藏一粒芥子还说得过去。“芥子纳须弥”一个小小的芥菜子，怎么把一个大须弥山纳进去，这个不合乎事实。

李渤嘲笑智常禅师没有学问，这么不通的一副对联也挂到这里。智常禅师对他说：“怎么不通呢？第一句可以从事上去解释，第二句要从理上去推想。”

这个读书人仍然不能理解，智常禅师就说了：“儒家有两句话‘读书破万卷，下笔如有神’，有没有？”

李渤：“有！有！”

智常禅师随手就拿了一本书，说："既然是'读书破万卷，下笔如有神'，你说这个书读到哪里去了？"

李渤肚子一拍，自豪地说："读到我肚子里面来了，读到我心里面来了，读到我头脑里面来了。"

智常禅师说："这一本书请你放到肚子里面吧。"

李渤若有所悟地回答："书是能读到我肚子里面，读到我心里面，但是怎么能够放的进来呢？"

智常禅师一听，笑了："万卷的书可以读到肚子里，那是理；芥子纳须弥，那也是理啊！"

事和理，有的时候事中有理，有时候理中有事。"须弥藏芥子"是事，"芥子纳须弥"是理，等于"读书破万卷，下笔如有神"，不是完全从事相上来谈，而是从理上从精神的背景来说的。

心有多大？肉团之心藏于六尺高的身躯里，而佛心却纳藏山河大地，宇宙大千，千万亿众生。透得理事无碍，则人生事事无碍，无论过何等生活，只要事理融和，不拘于事，失去了理，心中自有横遍十方的弹性，生命自有竖穷三际的活力。

魏元忠用盗

能舍其所短，用其所长，才能培养出品高才俊的人才。

唐高宗永淳元年，魏元忠任监察御史。一回，唐高宗巡幸东都洛阳，当时关中正在闹饥荒，百姓不是饿死，便是四处盗窃抢劫。

高宗担心路上草寇盗贼猖獗，命令魏元忠为检校官，在车驾前后，负责保卫任务。接受诏令后，魏元忠立即视察各监狱，找到一个气度不凡的盗窃犯，便命人将他镣铐解开，重新整装，一同护驾。

魏元忠不但与他同吃同住，还将治理盗贼的事委托给他。没想到，一路上随从唐高宗的上万人马中，没有人丢失一个铜钱，可谓“士马万数，不亡一钱”。

用人，除了选贤、因材，更应用人不疑，给予充分的权限，让下属自由发挥、一展长才。

倘若依个人喜好举才，容易偏袒徇私，有失公正，而无法领众；或者不识才，让作业挂碍难行，无法拓展大局；或者过分掌权，让下属无法发挥，不是养成依赖心理，便是不得志而“曲未终人已散”；或者处处挑剔，看不到下属的优点……凡此都是不当的用人之道。

领导下属，重要的是择其优而导其劣，宋代戴复古在《寄兴》中说：“黄金无足色，白璧有微瑕。求人不求备，妾愿老君家。”魏元忠用盗，是看到盗贼的才能，知其品性，更敢于委以重任，而不在现象上定夺一个人的优劣好坏。所谓“金无足赤，人无完人”，能舍其所短，用其所长，才能培养出品高才俊的人才。

择材而善用之，才是最佳的用人之道！

不痴不聋

对于他人过失，应怀宽让之心，留些余地。

中国戏剧中的《打金枝》一剧，出自于《资治通鉴》，是一则颇具哲理的历史典故。

唐代宗四女升平公主在十余岁时，下嫁给名将郭子仪的第六子郭暧。有一次，郭暧与升平公主争吵，郭暧气愤地说："你仗着父亲是天子吗？我父亲根本就看轻天子之位，所以不想做天子。"升平公主听了这悖逆之词，怒气冲天，随即乘车回宫，打算请唐代宗治罪郭暧。

只见唐代宗平心定气地说："郭暧说的话不是你能明白的，郭子仪确实不想当天子。倘若他想，那么天下岂是归你家所有！"唐代宗安慰升平公主一番后，便劝她回家去。

郭子仪听闻这件事后，命人将郭暧囚禁起来，随后入朝请皇上治罪。唐代宗说："有句谚语说：'不痴不聋，不作家翁。’儿女闺房中的话，哪能当真？”虽然如此，郭子仪回去后，仍杖责郭暧数十下。

唐代宗虽然贵为一国之君，却不会因夫妻之间的口角龃龉，遽下评判，有损君臣关系，这是明理；唐代宗虽不责罚，郭子仪仍然痛责郭暧，是懂得礼节，懂得管教。

古今圣贤无不提醒我们应“以古为鉴”，唐代宗的通达事理与郭子仪的知进退，便可作为我们处世做人的借鉴：对于他人过失，应怀宽让之心，留些余地；对于媳妇的举止行为，不必苛求严察；对儿女，有慈蔼的关爱，也有严厉的教导；对朋友，有无私的对待，也有坦诚的劝诫。

在小事上，不计较争论；对他人缺点，不过于计较苛刻。如此，要成功成器，便不难了！

公是公非

就算立场不同、想法不一，也能相互尊重，以圆满融和为要。

南宋时，朱熹与陆九渊两人只要一碰面，都会极力提出自己的见解。有一次，朱熹对陆九渊说道："要教育学生明白道理，必须多读书。"

陆九渊提出自己的想法："道理存在人们的思维中，书读多了，反而糊涂。"

朱熹反驳："学习不破万卷书，怎么会有出息呢？"

对此，陆九渊以为："书籍堆积如山，何年何月才能读完？"

这两位当时颇具影响力的学者，虽有治学思想的分歧，但并没有妨碍他们的友谊，两人互拜为师，取长补短，完全没有门户之见。朱熹出任南康太守时，重建白鹿洞书院，不但请陆九渊来讲学，还将其治学警句镌刻在石碑上，立于书院门口。

尽管思想不尽相契，但在学术的大前提下，仍能互相尊重，实是融和的最佳典范。

我曾在二〇〇〇年，对佛光会员提出“公是公非”的理念。主要是因为纵观人世，很多人不明是非、混淆是非，将是非交给强权、私利、金钱、滥同情左右，造成政治腐化败坏，社会紊乱失序，文化沉沦衰落，道德分崩离析，人心疏离失真。人世间的乌烟瘴气，实在需要一些正确的观念清净一番，因为一个人一旦认知有了问题，所作所为就没有道理可言了。

“公是公非”就是佛陀说的“依法不依人”，有法有公理在心中，自能判断是非好坏；当为不当为、该说不该说，都能清楚明白，拿捏适当；就算立场不同、想法不一，也能相互尊重，以圆满融和为要。

朱熹与陆九渊懂得“公是公非”，持有异中求同、同中存异的观念，是每一个游走在是非边缘的人，应该深思、学习的地方。

懂得观因缘，
我们的心胸才能开阔开朗，
生存于世更能随缘自在。

日日是好日，
处处是好地，
心好无有不好。

真正有智慧的人，
不只是从现象上来认识、了解，
从他内心的体悟，
应用于生活上的行、住、坐、卧，
才教人钦佩。

眼睛要消化声色犬马，
耳朵要消化道听途说，
大脑要消化资讯知识，
心灵要消化善恶是非。

门外千竿竹短命

满腹珠玑的人，见山见水能成文章，见垢见惑也能句句感人心曲。

明朝奉旨纂修《永乐大典》之一的解缙，是洪武年间进士，官至翰林学士。吴宽在《匏翁家藏集》中赞赏："永乐时，人多能书，当以学士解公为首，下笔圆滑纯熟。"何乔远《名山藏》也称："其书傲让相缀，神气自倍。"解缙不但精于书法，更是吟诗作对的神童，留下了不少脍炙人口的佳句。

在解缙家院门外，有一片大财主拥有的竹林子。一年新春，解缙以此景写了一副春联：

门外千竿竹；
屋内万卷书。

这幅春联引来大财主的不满和嫉妒，因而派人将竹子砍了，想让解缙难看。解缙看到竹桩心中有数，便将上下联各添上一个字，变成：

门外千竿竹短；
屋内万卷书长。

财主见状，更是怒从心头起，这回索性叫人把整座竹林子连根刨尽。解缙望着空荡荡的竹林子，又将春联添上两个字：

门外千竿竹短命；
屋内万卷书长存。

解缙的巧思，让大财主不得不瞠目结舌，无法以对了。

还有一次，解缙随永乐皇帝游花园。永乐皇帝一时兴起，要解缙以鸡冠花作诗。解缙思索一下，开口道："鸡冠本是胭脂染。"未料，永乐皇帝忽而手执白色鸡冠花，诘问："不是胭脂红啊？"解缙不慌不忙，笑指白色鸡冠花，从容吟诵末三句："今日为何浅淡妆？只因五更令报晓，至今却戴满头霜。”诗甚美，意境生动，应对更是沉着自若，因此惹得永乐皇帝开怀不已。

大财主的刁难与永乐皇帝的试炼，解缙都能随机应变、出言成章，是因为他胸中诗书万卷。我们放开视野看看，人生尽管千变万化，但满腹珠玑的人，见山见水能成文章，见垢见惑也能句句感人心曲；胸有成竹的人，面对变化多端的外境，自有一套应对之方；有自信的人，大风大浪也能无畏向前。

因为能决定人生去向的，不在外境的好坏，而在我们自己的手上！

郑板桥画竹

“不识货”，错失得来不易的好因缘。

清朝画坛革新派“扬州八怪”之一的郑板桥，画风崇尚自然，他曾说：“余家有茅屋数间，南面种竹……秋冬之际，取围屏骨子，断去两头，横安以为窗棂，用匀薄洁白之纸糊之，风和日暖，冻蝇触窗纸上，冬冬作小鼓声。于时一片竹影零乱，岂非天然图画乎？凡吾画竹，无所师承，多得乎纸窗粉壁，日光月影中耳。”

郑板桥之画，以竹兰见长，据说他笔下的竹兰极为传神，几可乱真。话说有一回，郑板桥到朋友家中作客。酒席间，朋友请板桥在家里新砌的一道墙上作画，板桥知道推不掉，便请朋友磨一盆的墨。待朋友将墨准备好后，板桥悠悠然走到墙前，伸手往盆里一沾，随即在墙上抹了起来，接着竟然将整个盆子端起，往墙壁一泼洒，弄得满墙乌黑。

如此情景，朋友看在眼里很是恼火，原来的美好构想，却变成一片漆黑，这下子涂掉也不是，就只好勉强留下了。

没过几天，一个老人路过，不禁为这道墙吸引，驻足观赏起来。这朋友瞧见，好奇地问："老先生在看什么?"老人指着墙说："这画一定是出自名人之笔吧。"朋友没好气地说："什么名人，只不过是一个朋友用手随便抹抹的。"老人又问："这画完成后，有没有发生过什么奇特的事情?"朋友回忆半晌，答道："有。一天下了一场雷雨后，这道墙前面死了上百只麻雀。"老人仰天大笑："是，是，是！一般人看不出他画的是竹林，只有在闪电一照下才能见得。这群麻雀把它当成竹林子避雨，才会撞死在墙前的。"

朋友"不识货"，以为郑板桥胡乱涂鸦，怎么会知道这画可是旷世之作。想想，我们是不是也常常"不识货"，错失得来不易的好因缘，错过难遭难遇的好机缘呢?

我看刘罗锅

身为领袖人物，做人处事，要清楚什么样的人是“弄臣”，什么样的人是“忠臣”、“贤臣”。

佛光山美术馆里，有收藏清朝乾隆皇帝时，大臣刘墉的书画，加上电视剧也上演他的故事，引起我的兴趣与注意。

刘墉因为背驼，因而被人戏称“刘罗锅”。虽然其貌不扬，但是才华洋溢，尤擅书法。他心地耿直，为官更是清廉，常常对乾隆皇帝提出忠言劝谏，惹得皇帝一次又一次生气，也因此官位从宰相降到九品，甚至还被革职过。

与刘墉同朝为官的，还有一位大臣叫和珅。和珅家财万贯，为人谄媚，不分是非善恶，为了讨好奉承主子，一切总以主子马首是瞻，处处逢迎拍马。

乾隆皇帝的爱妃曾问：“您是喜欢忠臣刘罗锅，还是弄臣和珅?”这是一个很难回答的问题。就乾隆皇帝个人来说,必定喜欢凡事令他欢喜、顺他心意的和珅,所以才会称和珅为“和爱卿”。但是,对国家、社会有益者,必属刘墉,否则,乾隆皇帝不会一次又一次因为刘墉的忤逆谏言,将他降级、撤职,却一次又一次复用他。

乾隆皇帝虽然不喜欢忠臣的耿直,却清楚忠臣的重要性,可以说是一位英明的君主。

一位领袖人物,可以喜欢恒顺自己心意的弄臣,但是为了国家社稷,也应该重用忠臣;他可以听称自己心意的美言,更要接受各方贤臣的谏言。就像现在所谓的“大众舆论”、“社会舆论”,能多方采纳者,才是一位英明的领导者。

重要的是身为领袖人物,做人处事,要清楚什么样的人是“弄臣”,什么样的人是“忠臣”、“贤臣”,这样才能游刃有余、胜任愉快。

天下第一棋手

输时不丧气、赢时不忘形，只以平常心看待。

输与赢、胜与负，其实有更奥妙之处。谁能参透其中妙义，谁就是人生真正的赢家。

一般来说，输赢胜负之间的分界，多取决于表象与惯性，大家约定俗成，认为高者为胜，低者为败；活者为胜，亡者为败；富者为胜，贫者为败；强者为胜，弱者为败；得者为胜，失者为败……于是“输赢”、“胜负”就成了世间战争、争夺、贪婪、纷乱动荡的根源。

究竟谁能看到这其中真正的价值和意义呢？

清朝名将左宗棠是围棋高手，有一次出征途中，见到一间茅庐悬挂着“天下第一棋手”的匾额。他好奇入内挑战，与茅庐内的老人对弈三盘。结果，老人连连败北。临走的时候，左宗棠意气扬扬，指着“天下第一棋手”说：“这匾额可以卸下了。”

当左宗棠从前线班师回朝，再次路经茅庐时，看到“天下第一棋手”的匾额仍然高高悬挂，甚为生气，又再与老人对弈。这回，老人三盘皆赢，左宗棠大感讶异，问其故？老人说：“上回你有任务在身，要率兵出征，我不能挫你的锐气，因此手下留情。如今你已经得胜归来，我当然全力以赴，当仁不让啦！”

表面上，老人输了前三盘棋，其实这两回棋局，真正的赢家都是老人。因为能以大局为重，不在棋盘上争输赢，较高低。

对于人生种种，能学习老人的智慧，输时不丧气、赢时不忘形，只以平常心看待；不争一时的输赢，能够顾全大局、看到未来；不会横冲直撞、不可一世，知道韬光养晦、谦让退步；不会一事一物都要争夺，只追求无争自安的悠闲……能参透其中的妙义，就是人生真正的赢家。

曾国藩看人

一旦阅历深广、学识广博，自能通晓世事、练达人情。

懂得识人，有什么好处？

懂得识人，一个领导者在用人、行事上，便能用其所长、安置得当；懂得识人，老师在教导学生上，便能依其性、依其根器，因材施教，激发各自的潜能；懂得识人，在学习上，就能找到值得效法、求教的善知识；懂得识人，我们便能在茫茫人海中，交得相知相投的善友，觅得能够相互扶持一生的伴侣。

清朝李鸿章，带了三个人求见他的老师曾国藩，请老师分配职务。刚巧在庭园遇见曾国藩从外头散步回来。进入室内，曾国藩笑着对李鸿章说："不用再召见了。右边那位，垂首不敢仰视，可见他恭谨厚重，可以委派后勤补给的工作。中间那位，表面毕恭毕敬，待我走过以后，立刻左顾右盼，是个阳奉阴违的人，不可重用。

左边那位，挺直站立，双目正视，不亢不卑，是个大将之才，应予以重用。”

曾国藩从三个人的举止和眼神，看出各人的品性和见识，从而用人，即是懂得识人。

然而，世间人形形色色，究竟怎么看？又当如何用人呢？《文心雕龙》有句话说：“操千曲而后晓声，观千剑而后识器。”近水便知水性，一旦阅历深广、学识广博，自能通晓世事、练达人情。

懂得识人，并非“挑”人，而是能看出每个人的长处，让他发挥、发光。“天生我才必有用”，人人皆有所长，都有所短，做事要能无往不利，交友要能往来无碍。最重要的是有一双懂得识人的慧眼，能够择“才”任用，善用所长、容人所短。所以韩愈才说：“世有伯乐，然后有千里马；千里马常有，而伯乐不常有。”

佛见笑佛

世间事总是一体二面，但看我们怎么想。

人世间，由于不同的文化、语言、成长背景、教育程度……而造就出“百样人”，造就出多面向的想法与观念，因此产生许多隔阂与摩擦，但也因此有了相互激荡的因缘与美妙的色彩。单单一个想法与观念，都可能成就一桩美事，或者错失一个机会。就拿乾隆皇帝与纪晓岚一段故事说吧！

话说有一天，纪晓岚陪伴乾隆参访大佛寺。来到天王殿，乾隆看见殿中的大肚弥勒佛，袒胸露腹，对着他们憨笑，很是有趣。因而他灵机一动，想为难一下纪晓岚。

乾隆指着弥勒佛问纪晓岚：“纪学士，弥勒佛见了寡人，为什么笑呢？”纪晓岚不慌不忙地答道：“这是佛见笑佛呀！”乾隆又问：“这话如何说起？”此时，纪晓岚一本正经地说：“皇上乃文殊菩萨转世，是当今活佛。活佛来到佛殿礼拜，弥勒佛见了，怎能不笑呢？”

乾隆听了虽然很高兴，但由于没有难倒纪晓岚，心里有点不快。于是故意走了几步，突然回过头来问纪晓岚道：“我看见弥勒佛也在对你笑，这又是怎么回事？”话问得实在厉害，纪晓岚不禁一怔。乾隆见了，暗中偷笑，谁知纪晓岚竟一口回答：“陛下，弥勒佛对微臣笑，是笑微臣不能成佛啊！”这时，乾隆终于佩服纪晓岚的急智，乐得哈哈大笑。

纪晓岚的急智是懂得灵活思考、不被局限，因此有很多的出路。

其实，世间事总是一体二面，但看我们怎么想。有的人积极，有的人消极；有的人乐观，有的人悲观；有的人想得实际，有的人空洞虚无；有的人往大处想，有的人往小里钻；有的人想得深远，有的人想得肤浅；有的人想得全面，有的人只顾片面。“怎么想”，往往左右着我们行为的好坏优劣，能不谨慎吗？

向李子君祈祷

不明事理，违反因果，一切所言、所行都将失序混乱。

汝南郡南顿县有一个人叫张助，在田里种庄稼的时候，发现了一枚李子核，原想拣回去，后来看到一棵枯烂的桑树洞里有土，一时兴起，便把李子核埋在树洞的土里，并把自己喝剩的汤水浇在上面。经过一段时间，人们看见桑树上长出一棵李子树，叹为稀有，便辗转相告。

有一天下午，一个人眼睛痛，便跑去向桑树祈祷："假如李子君让我的眼睛好起来，我一定用头猪作为祭品，供献在您的面前。"过了几天，这个人眼痛的症状果然好了。其实眼痛本来就不是大病，可以自行痊愈的，然而他却认为是李子君显灵保佑。

他难掩欣喜地到处宣传，没多久时间，消息蔓延开来，而且被传得神乎其神，说是有一个瞎眼的人因为向李子君祈祷，而重见光明。从此，远远近近的人都聚集到桑树下，祭奠祷告，坐车的、骑马的，经常一聚就是几千人，酒肉像雨点儿似的落到树下，十分热闹。

事隔一年，张助出远门回来，见到这种情景，大惊说："哪里有什么神，这是我当初随手种的李子核呀！"

不明事理，在为人处事上容易有所偏执，错乱次序和因果，做出错误的决定与行事。《佛本行集经》说"愚痴心恒生散乱"，故事中的人物愚痴无知，不明白事情的因果本末，一味迷信、跟从，不但夸大宣传、认非为是，更是陶醉在自己的错误里，实在愚痴。

《瑜伽师地论》有说："多闻知诸法，多闻远众恶，多闻断无义，多闻得寂灭。"不明事理，违反因果，一切所言、所行都将失序混乱。因此，平时应该多方探究吸收，多加思考观察，才不致成"向李子君祈祷"的愚人。

文化老农

因为有教育，人的气质才能改变，智慧才能增长。

在台湾光复之初，有两位可敬的长者，一位是香港的严宽祜居士，一位是台北的张少齐居士。当时的佛教可说是一片荒芜的沙漠，由于两位对佛教文化所做出的贡献，让佛法得以持续弘扬、发展。

严宽祜居士在香港成立香港佛经流通处，张少齐居士则在台湾成立健康书局，负责出版工作，又设立琉璃印经室，创设新文丰书局，参与影印《大藏经》的工作。《觉世旬刊》是他在一九五七年创办的刊物，旨在作为佛教与信徒之间的桥梁，后来交由我接办。

时至今日，他们的事业、他们老农经营的农圃已然开花结果，我只有继续为他们发展文化事业，让枝叶更茂盛、花木更扶疏。

今日台湾佛教，甚至世界佛教，如果没有张少齐居士发心影印《大藏经》，便没有如今佛教的盛况；如果没有严宽祜居士创办香港佛经流通处，便无法处处都有佛书可看，佛经可读。因此我认为，一个国家、社会，最重要的就是文化与教育。因为有教育，人的气质才能改变，智慧才能增长；因为有文化的传播，信息便得以流通，知识、真理便足以长存不朽。

所以我乐意效法这两位文化老农，做一个摇旗呐喊的小兵小卒，为社会国家尽一点心力，让佛法义理深植人心，净化心灵，达到改善社会风气的功用。

烦恼即觉悟

觉悟如明镜，烦恼如镜染尘埃，一旦尘尽光生，明镜自能清亮如碧波。

绝大多数人认为烦恼和觉悟两者如同水火性质不一，不能兼容。然而烦恼即觉悟，觉悟即烦恼，不一不二。

人在世间常为诸事“烦恼”，学生为读书、学业烦恼；家庭主妇为柴、米、油、盐、酱、醋、茶等“开门七件事”烦恼；老师为学生的课业教育烦恼，股票投资人为涨停板、跌停板烦恼，可说人人为人间万事七上八下，不能心安。

烦恼从哪里来？烦恼从“爱”来，爱不得便起烦恼；也从“恨”而来，恨不了更是烦恼重重；烦恼更从嫉妒、忧愁、悲观、消极、猜忌、人我是非衍生而来。所谓“三千烦恼丝”、“剪不断，理还乱”，其实种种烦恼，无一不是由于自己的情绪不安，心理不单纯而造成。

常人为了减少烦恼，有借酒消愁的，有唱歌舒缓的，有运动解放的，也有透过宗教信仰，慢慢去除烦恼。其实，烦恼不是去除的，而是洗净、转化的，如同一件脏衣服，通过清洗恢复原色，又如环境脏乱，通过洒扫恢复整洁。烦恼与觉悟，一体不二，若以“去除”的概念处理，永远无法得到觉悟。

就像果子未熟，从树上摘下来食用，必定酸涩苦难以入口，经过阳光照耀，和风吹拂，成熟了再吃，必定香甜美味。“甜”从哪里来呢？从酸、苦、涩转变而来。

觉悟如明镜，烦恼如镜染尘埃，一旦尘尽光生，明镜自能清亮如碧波。酸可成甜，污可为清，只在心念一转。当我们把自私转变为关爱，索取转变为奉献，计较转变为豁达，误解转变为理解，悲观转变为乐观，消极转变为积极，那么烦恼的缘由，对待烦恼的办法和智慧就会恍然大悟，心境随之而豁然开朗，人生因此而美好。

一比多好

信仰贵在专诚一心，而非外在“数量”堆砌出的安全感。

一般人很喜欢到神庙里去求保身符，希望借助神明的威德，远离灾难，福寿绵延。

有两个好朋友，一个人信仰很多的神明，希望能够获致众神的庇佑，身边当然也挂了很多的香火袋，装着各路神明的符咒。另外一个人，只信仰观世音菩萨，脖子只挂着一只菩萨的项链，平时默诵菩萨的名号，祈求菩萨的加被。

有一天，两人不约而同的外出，在半路上相遇，就结伴赶路回家，很不幸地在偏僻的山路碰到强盗。强盗们一呼而上，挥着大刀，要他们留下买路钱。混乱中，强盗一刀砍到信仰观世音这个人的颈项，恰恰是观音菩萨项链处，菩萨像被刀砍得弯曲凹陷，他也因此保住性命。

另外一个人的膀子却被刀砍断了，他愤愤不能平，怨怪着：信仰了多少神明，奉献了多少的香火钱，为什么这么多神明都没有一个来保护我？这时，他身上悬挂的神牌、符咒讲话了，妈祖、城隍、王爷、仙公一一表示抱歉："不是不救你，我们哪个人出面救你，对其他神明都是不礼貌的，大家正商量要推选代表救你时，谁知道强盗一刀砍来，我们已来不及挽救了。"

虽是笑话，却寓意深远。为求福寿，而过分贪求神明的保佑，反在急难中失却性命。信仰贵在专诚一心，而非外在"数量"堆砌出的安全感。与众神明"搏感情"不如纯一的信仰，使滴水可以穿石，铁杵也能磨成绣花针；过于复杂的信仰，如泛泛之交满天下，又有知心几人能在危难时，拔刀相挺？

刘禹锡形容居住的陋室，有句"山不在高，有仙则名；水不在深，有龙则灵"，纵是陋室，德馨芬芳，信仰芬芳，自能与佛感应道交，请佛家中坐。

足球赛

如果要追求幸福快乐，做人不能太过斤斤计较。

有一场足球赛吸引了十万观众，大家正在聚精会神地观看时，有个观众抽香烟抽到浑然忘我，不小心香烟烧到邻座人的衣服上。“唉哟！好痛！”这时，抽烟的人才意识到自己的疏忽，连忙道歉，邻座的人由于专心观看球赛，也就不计较，连说不要紧，回去再买一件就好了，完全不把衣服着火的事挂在心上。

谁知这个人衣服上的火没有灭尽，从后面又烧到隔壁小姐的头发上，隔壁小姐的头发着了火。“唉哟！我的头。”这个抽烟的人一想，一定是我香烟上的火烧到邻座的小姐，又连忙起身赔不是。这位小姐也看球看得忘我了，也回说不要紧，回去买一顶假发就好了，继续观赏球赛。

这段故事启示我们，当一个人忘我的时候，他就能免除很多是非，很多争执。佛教里面讲“无我”，无我的境界就是无对待、无计较，完全是一个平等的世界，没有一点争执，没有一点计较，就像《般若波罗蜜多心经》中说的“照见五蕴皆空，度一切苦厄”。

如果我们每个人能把这个五蕴和合的假我，看成空幻的、不实在的，不在五蕴的“我”上面计较、执着，并且如实知道“我空”“我”是因缘幻有的话，就能灭除人我对待，灭除时空想法，灭除种种计较、种种执着，进而度一切苦厄。由此可见，如果要追求幸福快乐，做人不能太过斤斤计较，若能“忘我”、“无我”，反而会减少很多的烦恼和痛苦。

一个误会

在拥有的时候需适当，不要超过，若逾越太多，不是福反成负担。

有一对年轻的夫妇，非常恩爱，一天，先生对太太说：“我们在地窖里酿的一缸酒应该好了，你去拿一点来享用吧！”于是太太就到地下室，打开酒缸一看，大为吃惊，酒缸里面竟藏着一个非常美丽的女人，因此，她就忿忿不平地去找先生算账，抱怨先生不该瞒着她感情走私。两人争吵不休，丈夫就自己去看个究竟，这一看不得了，他愤怒地对太太说：“你这个女人说我藏女人，明明是你在酒缸里藏了一个男人，还要来诬赖我。”

夫妻两个为此吵闹不已，他们的婆罗门师父路过这里，为这两个徒弟吵架纳闷。一问之下，他也到地窖里打开酒缸一探究竟，原来不是什么男人、也不是什么女人，而是一个婆罗门外道的师父。这个师父就怒气冲冲，指责两个不肖的徒弟，既然已经拜我为师，怎么又另外藏了一个婆罗门的师父在这酒缸里面，一气就拂袖而去。一会儿来了一位法师，一问以后，他也打开酒缸观看究竟，“噢！原来是这么回事”。于是拿了一块大石头打破酒缸，酒流走了，酒缸里面根本就没有男人也没有女人，他们所看到的不过是自己的倒影罢了。这正如《金刚经》所说的“凡所有相皆是虚妄”。

我们常常容易被心外的假相所迷惑，明明是假的，我们当作真的，明明短暂，却贪恋不舍，以为是永久的，所以在心外执着，例如有的人执着功名、执着地位，造成高处不胜寒的结果；又有的人执着名利，结果弄得人为财死的下场。其实世上的任何东西，我们在拥有的时候需适当，不要超过，若逾越太多，不是福反成负担，从“一个误会”中，我们学习到“凡所有相皆是虚妄”的道理，应用智慧的眼光来看待世间一切，那么就不会为假相所迷惑了。

心境相对论

只要心美，外境自美；只要心慈，外境自柔。

真能“成事在人”吗？有的人将自身的好好坏坏交由命运主宰。笃信命运会带领自己走既定的人生路。难道身而为人连自己都无法掌握？

佛教有句话说“万法由心造”，世间一切好坏、喜恶、哭笑、净染、黑白、天堂地狱，总归一心。我们愿意让自己愉快、自在，自能超越忧伤；我们愿意走出阴霾，自能因而奋起飞扬；我们愿意努力奋发，自能成就大事；我们愿意付出为人，自能赢得他人爱戴。

谁说人生一切，都得由命运决定。

爱因斯坦是二十世纪科学界的代表人物，他所发明的“相对论”改变了经典物理学的绝对时空观，提出了时间和空间的相对性。

有一天，一个学生跑来问爱因斯坦：“什么叫相对论?”

爱因斯坦举了一个巧妙的比喻:“你坐在一位漂亮姑娘的身边一小时,觉得只像一分钟;如果你紧挨着一个火炉,只坐一分钟,却觉得过了一个小时,这就是‘相对论’。”

是一小时?是一分钟?看似取决于外境的好坏优劣,但主要取决于我们的心。所以憨山大师说:“逐境心生,随情动念。心境两忘,物我无辨。物无妍丑,由我是非。我心不起,彼物何为?”无论境遇如何,只要心美,外境自美;只要心慈,外境自柔;只要心愿意简单,外境自然朴实;只要心中有佛,处处都是净土。

赵州禅师的弟子问:“百年之后,要到何处?”禅师不假思索:“到地狱里去。”日本坦山禅师临终前,昭告大众:“拙僧即刻临终,特此通知。”对于生死,禅师们都有自己作主的大气魄,我们是否有将人生交由自己掌握的决心呢?

人和人之间

见面三句话，相逢要微笑，生气慢半拍，烦恼自说好。搭起这四座桥梁，桥上行旅平安吉祥。

我们生活在群体中，平常和别人相见，不论是相识与不识，都需打声招呼，表示沟通和友谊。人和人之间，有四座桥梁，可以使彼此相处愉快，减少摩擦的冲突。

第一座桥梁，相逢三句话。中国人说，见面三分情，大家有缘相见，为了表达我们的友善，说声：你好，今天很好，今天天气很好；或是：你来了，你辛苦了，请坐。赞美的语言像香水，一滴能弥漫四周、迷人的香气。我们到其他国家旅行，他们热情地说：Hello！How are you? Good luck！我们听了都很开心。见面三句话，赞美和祝福，搭起我们第一座友谊的桥梁。

第二座桥梁，相逢要微笑。不论是故旧或新交，一张有表情有笑容的脸使人如沐春风，彼此心无城府地笑谈人间事。一个肌肉紧绷的人，就像一朵失去颜色和香味的花，得不到别人赞赏的眼光。

第三座桥梁，生气慢半拍。如果感觉自己如愤怒的火山即将爆发时，不妨深呼吸，把到嘴边的话慢个半拍。比方我们唱歌，你慢半拍，就和不上节奏，同样当生气的暴风雨曲目正要演唱时，你稍微慢个半拍，你的心境就大不相同，即使余怒未息，至少能减弱许多生气的杀伤力，不致对彼此的情感造成不可挽回的遗憾。

第四座桥梁，烦恼自说好。烦恼时，不要伤害自己，更不要波及别人。社会上流行提高我们的 EQ（情绪智商），其实就是身心的管理。烦恼来时，先不要厌恶排拒他，要以迎接老朋友般的欢喜心情来对待。烦恼有时就像是一团乱麻，让你剪不断、理还乱，当我们不剪也不理时，只是先冷静我们的心，再用这份冷静的心，替烦恼整束穿绳，问题便迎刃而解。

见面三句话，相逢要微笑，生气慢半拍，烦恼自说好。搭起这四座桥梁，桥上行旅平安吉祥。路人狭桥相逢时，自有一份谦让、友爱之情。人和人和睦相处，社会和谐，生活就会快乐无比。

医驼背

以毒治病，旧病不治，恶疾又加，何时才有康复之日呢？

有一个年轻人不务正业，以窃盗为生，专做偷鸡摸狗的勾当。一次不慎让村庄上的人捉到，就将他吊到树上，手和脚都给绑了起来，就像个弓弯曲在树上。

恰巧一个驼背的人经过，看到树上也有一个驼背，便对他说："喂喂喂！朋友，你吊在树上干什么？"

"我在医我的驼背，慢慢给它吊直咧！"年轻人回答。

"那我也可以这样子吊吗？"

"可以，可以。你把我放下来，换你来试试看。"

"好呀。"

这个驼背就将他的绳索解开，自己被这个年轻人吊起来。年轻人将驼背绑好后，竟将他身上的钱财都拿走，一文也不剩。

医驼背的故事，影射当今社会上有些人对于身心疾病的盲点与弊病。

对于身体的病痛不知寻求正确的方法，或者滥用药物，或者听信江湖郎中的偏方，不但没有好转，往往还加重病情。对于心理的疾病更是邪知见，贪求来路不明的钱来改变自己的经济状况，诈骗、赌博、窃盗、贩毒……无所不用，贪富贵、求荣华，试图以不正当的行径，来“治疗”自己的贫穷、贪欲，用黑钱建造、堆积出虚幻不实的富贵荣华。对于人生的疾病，不是正确地引导，反而听信妖言，误入歧途，不但无法获得心灵的宁静、提升信仰层次，反而落入生命困境的深坑，终究是以毒治病，旧病不治，恶疾又加，何时才有康复之日呢？

一切靠自己

迷时师度，悟时自度。

有个人在屋檐下躲雨，忽然看到路上有一个出家人打着一把伞，在雨中走过。他立即大声叫喊："师父，拜托让我沾个光，我们两人共撑一把伞遮雨吧。"

出家人回："你在屋檐下没有雨，不必借我的伞来沾光，你站一下就好了。"

这个人从屋檐下跑到路上来，仰头指天："你瞧雨很大，我站在这里，是真的有雨。"

"你有雨，我也有雨。"

"你有雨伞，我没有雨伞。"

"那你得自己想办法找一把伞。"

出家人言下看似无情无理，却是暗示躲雨人，要为自己找一把伞，一切得靠自己。

一切靠自己，即是佛陀切切叮咛佛弟子应"自依止，法依止，莫异依止”。信佛，不是信佛祖，而是信自己，相信自己有佛性；拜佛，不是拜佛祖，而是借由礼拜，认识自性佛。佛祖要你誓愿度自性众生、断自性烦恼、学自性法门、成就自性佛道，即是要你一切靠自己。所以，五祖要为惠能摆渡，惠能大师深明佛性本自具足，说出：“迷时师度，悟时自度。”

做人，就要有惠能大师“舍我其谁”的志气，让父母家人都靠我，让社会国家都靠我，让法界众生都靠我。我这一生为法为教，即是秉持“佛教靠我”的信念。常言道：“靠山山倒，靠人人倒，靠自己最好。”连自己都不可靠，又如何要求别人呢？明白自度才能度人，自觉才能觉人，自利才能利人，不需他人手中伞，你手中就有一把能撑起大千世界的大宝盖伞。

不二门

人生亦复如是，生也未尝生，死也未尝死，生生死死，死死生生，永无止息。

佛光山观音放生池对面，耸立着一个大门，上头有名书法家王中岳先生写的“不二门”三个大字，即是《维摩经》提出的“不二法门”。

“不二门”刚好是南北向，太阳从东边升起，从西边的山顶落下。太阳从东边升起也未尝升，因为总有落日时；从西边落山也未尝下去，因为还有升起时。东升西落，西落东升，升升落落彷佛于圆圈里轮回，因此东西不二，升落不二。

人生亦复如是，生也未尝生，死也未尝死，生生死死，死死生生，永无止息。常人往往喜获麟儿时，欢天喜地，亲友往生时，悲苦哀凄，而佛门悟道祖师却是视生死为无物，他们明白生了要死，死了要生，因而在喜获麟儿的人家前，嚎啕大哭，在高起白布的家门前，锣鼓喧天。

东西文化亦是“不二”，自西风东渐以来，东方国家以西方文化为体，东方文化为用，“体”“用”是不二的，如同人的身“体”，也会活动、运“用”。体用不二，生死不二，东西不二，无是不二，多少不二，甚至一粒沙子可以容纳三千大千世界，心可以包容虚空宇宙，所以大小也无二。

透析不二法门，可以得知“你”和“我”不二，互有关系，而能尊重互敬；“我”与“事”不二，息息相连，而能事事关心。全宇宙是一乘法，无二亦无三，所以能“无缘大慈，同体大悲”。

人生“不二门”能得体会，则美妙无比！

不能代替的人生

“各人生死各人了，各人吃饭各人饱”，凡事谁能代替得了？

现在有的父母教养儿女过分溺爱，致使儿女无法具备独立的性格，独立的能力，养成儿女以父母维生的依赖性，走不出家门，上不了社会。穿衣服、添饭，父母帮忙；上学、放学，父母接送；甚至儿女的作业，都由父母帮忙完成。大小事都由父母操心，这对孩子的未来是一大危害。

儿女的人生，父母不能代替。倘若孩子的手指头割破流血，能说“我好痛，妈妈你代我痛一下吗”？父母无法代儿女承受疼痛，他们得自己吃苦忍耐，自己吃饭睡觉，自己大小便，自己走出人生的道路，父母分毫代替不得。

佛教主张“各人生死各人了，各人吃饭各人饱”，凡事谁能代替得了？父母教育子女，该是养成他们健全的人格与道德，使之有能力迎接人生挑战，而非过分呵护、宠爱。

中国人的教育，必须重新作一番检讨。过去有句俗话：“棒打出孝子，惯养忤逆儿。”教养儿女不应过分宠爱，也不应过于严厉。

我们进到佛教寺院，可以见到施以“慈爱教育”的弥勒佛和手执金刚降魔杵的韦驮天将。有时用爱的摄受，有时以力的折服，随机教化，不偏一法，才是上等教育。

心在何方

把自己的心找到，才能真正找到自己的本来面目，才能处理好万事万物。

我们找眼睛，眼睛在；找耳朵，耳朵在；找鼻子、口、手脚，都可以找得到。但是心在哪里？

要找的这颗“心”，不是心脏，那是物质的肉团心。佛教以“心猿意马”譬喻这颗上天下地、刹那变化的心。心在哪里？我们人在中国，心却跑到纽约、旧金山，甚至欧洲、澳洲。心在哪里？与某人讲话，心却跑到巷口的李先生，对街的王妈妈那里去了。这颗心，实在捉摸不定。

佛经里，不但把心譬喻成“猿马”，也譬喻“心如电”，快速无比，“心如光”，甚至比光速更快。《阿弥陀经》记载，距离十万亿佛土外有“西方极乐世界”，我们什么时候才可以到？“一念之间”，因为心念之速，比光还要快。

建造一栋大楼，需要三年、五年，可是眼睛一闭，心中一想，三十层、五十层大楼的样貌，瞬间在心中屹立。

心在哪里？心在财、色、名、食、睡五欲里；心在色、声、香、味、触、法六尘里。心易随境界流转，看到美色、闻到香味、一个感触、一个境界，便贪着其中。心贪着五欲六尘，人生苦痛因此产生，六道轮回由此起，以致《金刚经》提出，当“不入色、声、香、味、触、法”，以无所着之心，应对人间万事万物。不但看他物，更是看自己，把自己的心找到，才能真正找到自己的本来面目，才能处理好万事万物。

三千世界在心中

同样一颗心，同样的时间，能造一根毫毛，也能造一栋大楼，心量可小可大。

有一位修道的人拜师学道，他提出一个问题："如何知道心的大小？"

师父对他说："现在你把眼睛闭起来，一分钟之内，在你心里创造一根毫毛。"

一分钟之后，师父问："你心里的毫毛创造好了没？"

"造好了，我正在观想这一根毫毛多细、多尖……现在我想得清清楚楚。"

"很好！眼睛再闭起来，同样一分钟时间，在你心里建造一座大楼。"

这个人闭起眼睛观想，然后叙述，心中的大楼高五十层，外观多宽、多大，颜色是什么，哪一段用琉璃瓦……

"你现在知道心的大小吗?"

师父接着说:"你造一根毫毛与一座大楼时,专心一意地观想,同样一颗心,同样的时间,能造一根毫毛,也能造一栋大楼,心量可小可大。心量小,你就是小心眼,如果将心扩大如虚空、宇宙,你的心量便无穷尽了。"

俗话说"宰相肚里能撑船",佛教更主张心是"横遍十方,竖穷三际"。我们的心,等同佛陀的心,佛心能包容天地,也等于三千大千世界、无垠的宇宙都含纳在我们的心中。

把一分钟,甚至几分钟的时间扩大到无限的时间里,就有无限的空间,那就是你的修行真正成功的一日。

如何扩大心胸,那得靠自己来创造。

手指与火柴

身心清净，善心是光、慈悲是光、智能是光。

常有人以神通展现灵异，取得信徒的好奇心而获得供养。佛陀从不以神通惑众，而以慈悲、智能、道德、人格来化导众生，毕竟神通只是万千法门的一种，是一时的方便，并非究竟佛法。佛在世时，有一位长眉罗汉叫宾头卢颇罗堕，以神通哗众取宠，佛陀责备他，不得涅槃。历史上经常有以神通现“宝”或招摇撞骗，或显示自己道高，禁不胜禁，止不胜止。

有一位苦修三十年的修道者，终于修得了神通，手指一动便可放光。他骄傲地向同道表示：“你看，我手指能放光了。”

同道中，有一个人立刻用火柴擦一下，着火放光，他说：“你花三十年的时间苦修，手指头才会放光，我只需一秒钟，就能让火柴放光。”

放光何其容易，真有心者刹那之间便可以放光。口中说好话，口出香光；眼睛行注目礼，眼照灵光；专心听讲，耳放清光；为人做事、行善布施，通身是光。身心清净，善心是光、慈悲是光、智能是光，又何需花上三十载春秋？

常有人信仰宗教是稀奇灵异、寻求神通，但神通不敌业力，神通也不能违因果的，心往外寻求，找别人放光，终非自己的。乱世浊海，人人忘失自心，一味贪图外境，为乱象所迷惑，受骗受殃，何苦来哉！

唯有自修自证，自身放百宝毫光，彻照无穷，才是真功夫。

两个道士打鬼

疑心就是邪见，让我们无法看清事情的本来真相，而妄下定论，做出错误的决定、错误的事情。

在东城郊区外，有一座道观，平常很少有人来挂单。

有天晚上，来了一个道士要挂单。道观的人就带他到一间上房安歇，并且跟他说：“你住在这儿要小心一点，这不太干净，常常闹鬼的。”

这道士说：“修道人怕什么鬼，不要紧。”

那人出去后，这道士将门关上，整个房间顿时安静极了。

过一会，又有一个道士前来挂单。道观的人要他自己到后面的一间上房，也同样跟他说：“要注意哦，那个地方不大清净，我们都不敢去住，常常闹鬼的。”

这道士也回答：“身为修道人怕什么鬼，没有关系，没有关系，我自己去。”

他一人走到后面找房间，找着找着竟找到前一位道士挂单的房间。他敲着门："开门呐！开门！"

里面的道士一听，心想："不得了，鬼来了！"赶紧将门抵住，死也不肯开。

在外面的道士看这样的情势，心想："果真有鬼！好，就是有鬼我也能抓。"

两个道士，一个抵门一个推门，一闹闹到天亮。

纠缠了一夜，两个道士都筋疲力尽，再也无法抵门和推门，结果门一开，相互一看，才恍然大悟。

俗话说："疑心生暗鬼。"许多事情往往都是自己凭空想象出来的，而迷糊的我们却为想象出来的影像颠倒迷惑。疑心就是邪见，让我们无法看清事情的本来真相，而妄下定论，做出错误的决定、错误的事情。

无形的珍宝

健康、友爱、温暖、幸福。你看不到，抓摸不住，但并不代表这些不存在。

有一个人在羊肠小径推着车子，突然一个不留神，整个车子翻到水沟里面去。他着急地请路过的人帮他把车子从水沟里抬上来。

其中有一个人说："我可以帮你把车子搬上来，可是你要怎么感谢我呢？"

他说："我没有东西可以感谢你。"

这人没听懂他说的话，就很高兴地帮他把车子搬上来了。"好了，车子已经帮你搬上来了，你的报酬呢？"

"我已经跟你说没有东西给你。"

"那你就给我没有东西嘛。"

"没有东西就是没有东西，怎么给你？"

"没有东西总是有个东西，就是给个没有东西。"两个为此争论不休。

旁边一个有智慧的人说:“你们在这里吵什么?他跟你说没有东西给你,就已经给了你没有东西,你就不要再啰嗦了。”

“给我没有东西,好像没有东西给我啊!”

有智慧的人说:“爱情,是什么样的东西,你拿得到、看得出吗?涅槃是什么东西?给你涅槃你看得到吗?你体会得到吗?给你东西,不一定要有形有相。我给你心,心是什么?我给你爱,爱是什么?我给你祝福,祝福是什么?我给你涅槃,涅槃不生不灭,又是什么东西?既然告诉你没有东西,你就要接受这个没有东西啊!”

我们往往只相信有形有相有感受的东西,紧抓着一种实质的感觉,比方说可以拿到的,感受得到的,看得到的,闻得到的,接触到的。宇宙世间,除了我们眼睛看到,手上拿着的东西以外,还有很多无形无相的东西,比方说健康、友爱、温暖、幸福。你看不到,抓摸不住,但并不代表这些不存在,若一味着眼于有形的东西,而“看”不到那些无形的珍宝,就将错失许多生命的财富,岂不可惜!

牛奶变酸醋

一味执着世间是不变的，这是错误愚痴。变，才是真的不变的真理。

有一个人到市场里买了一罐牛奶，因为牛奶很重，就暂时先寄放在朋友家里。过了好几天，他再去拿这罐牛奶的时候，牛奶已经发酵了，酸得像醋一样。这个人非常生气，责怪朋友："我寄放在你这里的是牛奶，你怎么拿酸醋还我呢？"朋友说："你的牛奶我又没动，还是原来那罐牛奶，只是你太久没来拿回去，所以它变质了。"

这个人不服气，便告到官府。官员说："你的牛奶放在人家家里那么多天不去拿，经过了时间变化，怎么可能还要得回当初的牛奶呢？"

"牛奶变酸醋"是要世人认清：娑婆世界是一个变化的世间，是一个无常的世间。好的会变，坏的也会变。变，是宇宙人生万有的实相，就像由婴儿慢慢长大，成为小孩，少年，青年，先生太太，老阿公老婆婆，人人都会变。

甚至一年四季，春夏秋冬也在变，一天二十四小时，时间分分秒秒都在变，金钱人情在变，面貌身材喜恶都在变，人间万事无一不在变化。有智慧的人，即使处于逆势，也能扭转乾坤；愚痴的人，纵是到手的熟鸭也会让它飞了。生存在无常变化的有情世间，是苦是乐？是波涛汹涌，是平静自适？就在我们怎么“变”法。

一味执着世间是不变的，这是错误愚痴。变，才是真的不变的真理。如何在这个变化万端的人世间，去捕捉自我的真实？要以不变应万变，以无所住着的心应对一切，好在迁流不息当中，找出自我的肯定，不变的真心。

只有你最有用

人和人之间，尤其是亲子之间，彼此相互的尊重，让对方有自由选择的权利。

过去的家庭不喜欢青年子女出家为僧，认为出家就像死了一半一样，没有用了。不如现在，青年剃发学道，亲朋好友不但为他们欢喜祝贺，甚至大开宴席，放鞭炮庆祝。

记得，几十年前慈容法师要出家时，家里极其反对，也是认为出家没有用。但是慈容法师出家以后，不但出国留学，回来台湾更是办了许多慈善事业，像养老院、育幼院、慈悲基金会、佛光会等。

后来母亲年老了，临终前跟慈容法师讲了一句话："我养了十一个儿女，就是你最有用。"因为慈容法师孝养父母，和睦兄弟，其他的儿女纷纷成家立业，年老的父母都是她来照顾的，老病死生，他一肩担待。这些种种做父母的都看在眼里，自然对这个出家的女儿感到安慰与佩服，也对出家的看法有所改观了。

现代的父母眼光开阔，思想也进步很多，任由儿女自由发展，无论是恋爱结婚、学业事业、宗教信仰，不多加干涉、阻扰，给孩子更大更广的选择及学习空间。

人和人之间，尤其是亲子之间，彼此相互的尊重，让对方有自由选择的权利，这是很重要的。让孩子们自己去探索世界，去建构自己的理想，去发掘自己想要的是什么，能做的是什么，一旦看得多，想得多，接触得多，他们的选择会更为肯定，更符合自己的人生。

什么都不怕

有了因果观念，就会有自制力，不致于乱了自己的生活，乱了社会的秩序。

有一位老太太自小就喜欢吃糖，有时候甚至可以吃掉一盒巧克力。

她的孙子担心阿妈的身体，常常劝她："阿妈！吃糖对肠胃不好，你不要吃那么多，要戒口呐！"

老太太回："怕什么？我有胃肠药。"

孙子说："胃肠药也不能把什么病都治好啊！"

老太太还是说："哎呀！世间上吃糖的人多的是，什么病的，哪里会轮到我，不怕。"

人就是因为什么都不怕，天也不怕，地也不怕，走到了最后，才后悔莫及。佛经有言："菩萨畏因，众生畏果。"菩萨与凡夫众生的不同，就在菩萨知因果，慎于始，因此不能做的不做，不能吃的不吃，不能说的不说，慎因慎缘。而众生不见因果，先做了再说，像现在绑票、窃盗、杀人、诈骗，在犯案时不顾后果，心存侥幸，一念苟且，只想“不会轮到我的”、“我才没那么衰”，有一天锒铛下狱、东窗事发，才悔不当初，且知“善似青松恶似花，看看眼前不如它。有朝一日遭霜打，只见青松不见花”，逃得了法律，终究逃不了因果的。

一个人还是应该有所畏惧，对于父母、师长、朋友、主管应该要有一种敬畏的心理，甚至于丈夫要怕太太，才不会在外头拈花惹草，破坏家庭的和谐；下属要怕上司，才不会越级犯上，失去职场伦理。

总而言之，身而为人时时存有因果的观念，就不敢为非作歹、贪赃枉法；有了因果观念，就不会营私舞弊、弄法玩权；有了因果观念，就会有自制力，不致于乱了自己的生活，乱了社会的秩序。

不如做瞎子

没有认识到世间变化无常的真相，才会招致痛苦。

有一对年轻男女，因恋爱而结婚，可谓郎才女貌、金童玉女，十分亲爱。不久，两人因为吃药不慎，导致眼睛瞎了，夫妻同时眼瞎。做丈夫害怕失去太太，太太也担心失去了先生，两个人每天面对面，却看不到，只有你握我的手，我握你的手，形影不离。

时光飞逝，三十年过去了。有一个人建议他们去看一位医师，可以进行手术治疗眼睛，他们也因此复明了。当他们的眼睛一张开时，丈夫看到太太，一个黄脸、丑陋的女人在他面前。情不自禁地说："她不是我太太，这么丑，你们怎么把我的太太换走了呢？"

太太一看丈夫，惊讶地喊着："这个男人不是我的丈夫，我丈夫英俊潇洒，不是他，不是他！"

两人因为心中的英俊丈夫和美娇娘被时间偷换了，

而吵闹不休，任谁来劝说都没用。后来，医生看不下去，便说：“看来你们还不如做瞎子，眼不见为净。”

世间是变化无常的，没有一刻停息，山川在变，信息在变，爱在变，面貌在变，心智在变，思想在变，人生在变……它不会因为我们的喜怒哀乐、执着妄念而停格、停留。故事中，一对年轻的夫妻无法接受彼此的年老色衰，没有认识到世间变化无常的真相，才会招致痛苦。

唯有随着世间做改变、调整、成长，才能适应迁流不息的世间，如果一味墨守成规、一成不变、执取过往，不但会失望、痛苦，也终将被时代淘汰。

本尊与分身

如果懂得运用自己的“化身”、“分身”，即能开创事业，开创人生。

台湾有一阵子流行一句话：“本尊来了！”“是分身吗？”关于“本尊与分身”，佛教中谈到了“三身”：释迦牟尼佛的法身、报身，就是他的“本尊”；而他的千百亿化身，即为“分身”。像观世音菩萨，有三十二应化身。

这个观念，就像是天上的月亮，投影于江、海、河、湖泊，在水中映现着月亮的影子，可谓“千江有水千江月，万里无云万里天”。也好比父母是本尊，儿女就是他们的分身；老师，教育学生，桃李满天下，老师就是本尊，学生就是他的分身；老板将技术传给员工，员工便是他的分身。乃至，我们有一些事情自己忙不过来，便派个代表代为开会、处理事情，那就是我们的分身。

本尊和分身其实是很平常的事情，只是我们往往忽略、忘失了自己的本能，忘失了自己，一味地“心外求法”，然而“一切皆是非法”，求到最后，只是枉然。如果我们懂得向内心求法，当下自己就是本尊，能够发挥很多的力量，像观世音菩萨千手千眼、千百亿化身，这是人人都可以做到的，并非玄之又玄的神通灵异。

如果懂得运用自己的“化身”、“分身”，即能开创事业，开创人生，因为自己知道如何发挥自己的创造力，知道如何在自己的身上寻求能源与智慧，知道如何布局，运用资源，而不为怪异所迷，神通所乱。

只需找回自己的本心，无论事业学业、婚姻家庭、人际爱情，自能呈现一片清风朗朗、万里无云的生命风光。

永念亲恩

永念亲恩今日有缘今日度；本无地狱此心能造此心消。

在开辟佛光山时，为了完成人生的理想，我规划出一套人间净土的蓝图，人人生、老、病、死，在佛光净土都能得到服务。从幼儿园、育幼院、中小学、社会大学、佛教学院到养老院；从佛光诊所、云水医院到为解决人生最后安息的归属地，使生亡得以安养，而设置“安宁病房”照顾临终病患；建“万寿堂”供奉灵骨，以及于一九七四年经政府部门批准立案，建造南台湾第一座标准墓园“万寿园”。

当时，我邀请三湘才子、台湾银行的襄理张剑芬先生，为万寿园作一副对联，联为“永念亲恩今日有缘今日度；本无地狱此心能造此心消”。

这副对联极富深意：为人子女者，对于往生的父母、亲人的恩惠要永远怀念，每年清明、七月普度、过年冬至，或是亲人冥诞，都要纪念他们、怀念他们，永远缅想。佛光山万寿园，每年都会定期举办法会。

现代子女对父母最大的不孝，就是认定父母祖先过世后，都会堕地狱做鬼去，所以拼命超度亡灵。父母祖先，死后不一定堕地狱，也不一定做鬼，他可以再做人，可以再生天，或是往生极乐净土，何必一定想着会到地狱里去呢？佛教为亡者做佛事，不同于一般民间的“地狱”信仰，而是告诉亡者十万亿佛土有极乐世界，当放下世俗万缘，随佛号声往生极乐邦。

净土地狱不过一念间，乃至十方法界，都是我们心里创造的；恶善一念便足以造就染浊的秽土和清净的佛国。心既然能创造地狱，当然也可以消除地狱，身而为人就要有这般笃定的想法，念念无不是清净种子，一朝因成果熟，自然是七宝庄严，众鸟说法的净土现前。

三湘才子张剑芬这副对联“永念亲恩今日有缘今日度；本无地狱此心能造此心消”，给普天之下为人子女者一个很好的教育。

二不成双一不单

禅者的胸怀能容万物，溪声、山色、人我、宇宙都在他的心中，何其辽阔。

二是两，它不是双的；一也不是个、个体、单个，怎么说呢？“二不成双一不单”，这是一个极具哲理的思考。

台湾银行过去有一位襄理张剑芬先生，是个写对联的高手，据说十九岁就做了县长，可说是湖南才子。他尤其乐于为佛教，为各寺庙做对联。

台湾有一位悟一法师，曾经做过台北善导寺的监院、住持。悟一法师也曾请张剑芬先生为他做一首对联，并请张先生将“悟一”两字用到对联里。可是这个“悟”的意义和“一”的数字无法对在一起，是一个很难做的对子。

然而，高手毕竟不同凡响，他究竟是做出来了。上联是“迷即众生悟即佛”，迷时即众生，悟了就是佛。下联是"二不成双一不单","二"不以为双数,"一"不以为单数,他这跳脱约定俗成的框架,极富禅意。

究竟是二大呢?还是一大呢?"一"并非"单"。比方说,一尊佛、一个人、一栋房子、一个地球、一个虚空……"一"包涵了无穷无尽,不可限量,因此并非单个,不小也不少。二也不见得多,宇宙万有,万法归一,都含容在"一"里面,又岂比"二"小呢。

因此,悟道者对宇宙万有不以量测。他不计较数字是多是少;他不认为自己必须拥有几千、几万、几亿……才满足;他不认为名下要有多少房屋、土地才觉得幸福。法界就在我一心,我一心拥有无量无边的法界,"大千世界一禅床",何等逍遥,何等自在。

禅者的胸怀能容万物,溪声、山色、人我、宇宙都在他的心中,何其辽阔。我们是否也能学习禅者的包容心,在非原则问题上,包容异己,包容忙碌,包容烦躁,包容厌恶……让我们的心愈来愈像无垠的大海,不舍涓滴,含藏大千。

踢掉国王的牙齿

饭没有煮熟，锅盖不可以轻易打开；鸡子没有孵熟，蛋不可急于一啄。

有一位国王，他有两个大臣，国王比较欢喜大臣甲，不喜欢大臣乙。大臣乙很奇怪，为什么国王只欢喜甲而不喜欢我呢？

于是他便用心注意，有一天终于明白原因所在。原来每一次国王要吐痰时，当痰一吐下来，大臣甲就赶快用脚替国王擦去，所以国王很欢喜大臣甲，因为甲很灵巧。大臣乙心想，这个我也会。

可是每次国王痰吐下来，甲都把它擦了，乙都慢了一步。有一天，当国王又要吐痰时，大臣乙生怕大臣甲又抢先一步将痰擦掉，于是就先发制人，在国王还没来得及将口中的痰吐出来之时，马上用脚踢向国王的口，把国王的牙齿都踢掉了。这使国王非常生气，更加不欢喜大臣乙。

饭没有煮熟，锅盖不可以轻易打开；鸡子没有孵熟，蛋不可急于一啄。无论做什么事情，把握时机很重要，时机一逝，过了不再。有时错过了机会，太慢了不好；有时操之过急，太快了也不好。

世上任何一件事情的成就，都必须等到因缘成熟时。很多人怨恨自己命运不好，其实并非命运不好，而是没有创造因缘，机缘未到。有的人仗着有权有势，任意所为也很危险，当机缘一去又该怎么办呢？

讲究适时适理、契理契机，这是为人处世一个非常重要的思想方法。

无缘对面不相识

只要是慈悲美善的心，柔和无争的人，都是心向灵山，常随佛学。

曾有一年，台风大雨，山洪暴发，大水淹民宅，一位虔诚信仰阿弥陀佛的人为了逃生，赶紧爬到自家屋顶。

但水位一直上升，已经淹到膝盖，他只好不断地向阿弥陀佛求救。不久，有一个人驾独木舟前来搭救，他看到来的人是原住民，厌恶地挥挥手说："我不喜欢和原住民往来，我有阿弥陀佛会来救我。"

水已淹到他的腹部，他拒绝了游艇的援救，因为他讨厌机械文明。渐渐地，水已到了他的胸前，他心急如焚，不断念着阿弥陀佛，您赶快来救我呀！一个美国人驾着直升机，抛下一根绳子，要拉他上来，他还是不肯接受救助，因为前来救援的是个美国人，不是他心目中的阿弥陀佛。

这个念佛人痴痴地等着他的阿弥陀佛，拒绝任何人的援助，最后溺毙。由于他一心信仰虔诚，还是到了西方极乐世界。他见到阿弥陀佛时，马上提出抗议说："我对佛如此深信不疑，佛却不来救我？"阿弥陀佛叹口气说："我驾独木舟，你嫌我是原住民；我换成游艇，你不要机械文明；我用直升机救你，你又厌恶外国人。你有眼若盲，不接受别人的真心善意，如何能得救呢？"

佛在哪里？有一首诗偈说："佛在灵山莫远求，灵山只在汝心头。人人有个灵山塔，好向灵山塔下修。"只要是慈悲美善的心，柔和无争的人，都是心向灵山，常随佛学。

念佛人不识本心，佛在面前不肯相认，就像世间的痴人，心外求佛，不知人人皆是未来佛。观世音菩萨为什么能成就广大神通呢？就是发心"侍多千亿佛"，学佛人要入尊贵佛位，从恭敬侍奉一切众生开始做起。

诸佛的安乐国土，都是为众生服务而成就的，当我们尊重众生如佛，万亿佛祖，近在眼前。

泡沫山

谨慎每一步，切莫一失足，踏成千古憾恨！

有一座靠近大海的森林，聚集了五百只猿猴，大伙儿在森林里过得非常快乐。有一天，几只猴子来到海边，远远望着一座由海水的泡沫所聚集起来的山。

猴子想，我们光是住在这座森林里，应该出去看看，这山真像花果山，一定很好玩。想是想，大家却都不敢尝试到这座山上去。有一只胆大的猴子说："我先去看一看。"随即，勇敢的跳到泡沫山里。

猴子跳下去后，久久没有上来，其他的猴子很奇怪："大概太好玩了，玩得都不晓得回来告诉我们。只让它自己享受，这个划不来，干脆我们大家一起去。"于是大家就相继跳进泡沫山里，全给海水淹死了。

遥望泡沫山的猴子就如世间有情，社会上的五欲六尘，就像是一个虚幻的泡沫山，有情众生痴迷像飞蛾投火般，不顾一切冲进去，让灯红酒绿淹没自己。社会的欲海深渊，人投进去后往往不知道出来，只得愈沉愈深。

现代青年的朋友们，必须要有智慧的长者引导、开示，什么地方是危险的不能去，什么事情是不智之举犯不得，要有明辨善恶是非的能力。

五百只猿猴，由于好奇心驱使，纷纷跳入泡沫山里去试探，犹如青年吸毒，因为好奇一试，就此沉迷于毒海、舞厅、酒家，一染上了坏习气，受坏朋友引诱无法脱离。一念好奇，陷己身于不拔之地，实在可惜。

还望现代青年谨慎每一步，切莫一失足，踏成千古憾恨！

福慧要双修

修福不修慧，大象披缨络；修慧不修福，罗汉应供薄。

有两个出家的师兄弟，师兄专门修福报而不修智慧，他好做慈善事业，福利人天，对于文教事业不欢喜不热心。师弟每天研究经论、参禅打坐，一心想证果解脱，觉得大众的作务劳动很浪费时间，不愿意多加参与。两个师兄弟，一个修福，一个修慧，在修行的路上，各自坚持自己的修行是最正确的。

师兄由于修福不修慧，百年之后到王宫里投胎，成为一只大白象。象，在印度视为祥瑞，因此在王宫里，有专人替他盥洗沐浴，喂食鲜美的水草，披搭缨络花蔓，还带他出去花园散步，享受无比的荣耀。

而那位不肯结缘修福的师弟，只想修慧自了，由于他的勇猛精进，最后证得阿罗汉果，但是连三餐饭都成了问题。

阿罗汉有飞行神通，有一天，这个师弟打算去找国王理论，质疑国王不重视国家悟道的圣贤，让大家没有饭吃的愚政。途中，他看到一头大白象，披金戴银，倍受荣宠，他定睛一看，才发现这头白象是自己的师兄。他疑惑着：师兄怎么会变成大象呢？当下，他终于悟得一个道理：修福不修慧，就是享受福报也如畜生一样愚痴；只知修慧不修福，到最后乞讨无门，连三餐都没得吃。

悟到修行真谛，他留下一首耐人寻味的偈语：

修福不修慧，大象披缨络；
修慧不修福，罗汉应供薄。

譬喻故事警惕世人，修行应该福慧双修，悲智圆满，如《金刚经》里“是法平等，无有高下”的教育，在一个学习大乘菩萨的行者，更应怀有为度无量众，遍学一切法的广大胸襟。

胜败操之在我

如果把自己的成败，归之于别人，对自己没有信心，是不能成功的。

有一位将军领兵到前方作战，虽然将军胸有成竹，充满了信心，认为此战必定能胜利，可是他的部下却认为这一仗不乐观，毫无必胜的把握。将军眼见大众士气低落，不禁忧心忡忡。

将军为了给部下建立信心与士气，便将部队带到一个寺庙里。将军对将士们说："各位部将们，我们今天要出征，究竟会打胜仗或打败仗呢？我们请神明来决定。""我这里有一块钱，如果丢到地上是正面在上，表示神明指示此战必定胜利；如果这一块钱是反面在上，就表示神明指示这场战争无法得胜。"

于是将士们纷纷磕头礼拜，祈求神明指示，结果将军丢下来的钱正面朝上，大家不禁欢呼振奋，认为神明所指示的这一场战争必定会胜利。到了战场，每个士兵都奋勇向前，都有信心可以胜利，果真打了胜仗。

班师回朝后，部将对将军说："感谢神明指示这一场胜利。"

将军说："不必感谢神明，该感谢这一块钱。"

"将军，你怎么这么说呢？"

"你看！"将军把身边的这一块钱掏出来给部将看，原来两面都是正的。

这位将军运用了权巧打了胜仗，说明自己的信心是非常重要的。我们如果把自己的成败，归之于别人，对自己没有信心，是不能成功的。拜观音，求观音，不如自己做一个观世音。

要铁舍金

事物的价值无一定的标准，“有用”、“能用”才是重要。

有一个国王，感念大臣们对国家的贡献，想赏赐一些东西。究竟要赏赐什么东西呢？有黄金、白银及铁。大臣们各有性格，有的要黄金，有的要白银……众大臣中，有一位大臣竟然选择铁，他认为：“我可以用铁来铸成锄头，耕田锄地，也可以做成镰刀，用以收割。”国王觉得他知足无贪厌，便依他所愿，给了他铁。

后来，因为连年战争，全国臣民生活艰难，就算拥有黄金的人也没饭吃，最后饿死在成堆的黄金旁；拥有白银的人，也是一般遭遇，抱着白银，含恨而终；而选择铁的大臣，以铁铸成锄头、镰刀，用来锄地耕种，收割粮食，砍柴生火，甚至将粮、柴变卖赚钱，维持生计，安然度过战乱穷苦的日子。

世间何物为宝贵？黄金白银？还是钻石珠宝？

聪明的人，重视实际生活里能够应用的为宝贵。

因为，没有用的空话不管说了多少，还是没有用；有用的话，虽然只是三言两语，便能发挥作用。买了几十件、几百件衣服，放着占据空间，也是“英雄无用武之地”；金钱、股票再多，日夜牵肠挂肚，给自己压力，也是无用；甚至家里头的物品越聚越多，到后来搬来挪去，人为物累，更是不划算。

事物的价值无一定的标准，“有用”、“能用”才是重要；以此观念去思考、行事，就算是破铜烂铁也能发挥最大的效用。

最后三年不好过

爱护儿女，要爱之有道。

有个父亲对他的独生子非常溺爱，每天不但亲自下厨煮饭菜给儿子吃，替儿子洗衣服，整理床铺，甚至供应儿子茶水饮用，把儿子视作太上皇侍候。由于种种的呵护和关怀，儿子也觉得安闲，一切事情都由父亲来做。

一直到儿子三十岁时，养成了什么事都不会做，生活事务无不依赖父亲的习惯。有一天，父亲带着儿子去算命。算命先生经过一番仔细推敲后，告诉他们：

“父亲可以活到七十岁，儿子只能活到四十五岁。”

推算出来，当父亲七十岁时，儿子才四十二岁，一旦父亲死了，儿子还有三年要活，到那时失去依靠怎么办呢？儿子因此十分伤心、难过，他对爸爸说：

“爸爸，我四十二岁以后的三年，该怎么过？我不会做事啊。”

父母爱护儿女本是人之常情，养成子女独立的性格和自我生存的能力，更是不可少的教育责任。不能因为父母对子女百般呵护，而养成儿女懒惰、一无技能。爱护儿女，要爱之有道，护之有理，不只是爱护儿女的童年、青少年，更应该爱护、照顾他们的未来，为他们的一生做打算。

我曾经在加拿大一处河边，看到母亲把才一岁左右的小孩，朝水里一丢，让小孩子自己想办法，努力地爬上岸来。最初看到时，觉得这个父母简直是神经病、很残忍。持平而论，美国式的教育，是从小养成子女自力自强，自己奋斗、谋生的精神，这样的教育理念，是中国的父母应当参考、学习的地方。

弃老国

银发的智慧像丰沛的水库可以灌溉稻田，也像一座宝山含藏无尽的珍宝.

从前有个年轻的国王上台，他认为老人已经没有存在的价值，为避免浪费国家粮食，于是下令，不准老人在家居留，并通告全国老百姓，要把家中的老人放逐到山野间，任他们自生自灭。有个儿子实在不忍心如此对待年老的父亲，又怕违背国王的命令，就挖了一个地窖，将父亲藏在里面，每天偷偷地送食物去。这个孝子就把年迈的父亲藏在地窖里，安全度过了好多年。

有一年，国家面临外强的侵略，强国的使臣带来战书，并且表示："我国一向尊敬贤人，如果贵国有人能够回答我们提出的几个问题，就表示国有圣贤，我们就愿意言和；如果不能回答，七天后，我们的军队就要开始进攻。"

第一个问题是，使臣送来的一只大象，要称出这头大象的重量。第二个问题是，使臣带来的一对白马，外表一模一样，必须辨别出哪一匹是母马，哪一匹是子马。第三个问题是，要在一对蛇当中，分辨雌雄。最后的问题是，一瓶水该如何成为大海？

焦急的国王遍询朝中大臣，却没有人可以应答，最后只得在全国各街道张贴告示，只要能解答外国使臣提出的问题，便封官重赏。告示一张贴，全国上下老百姓无不议论纷纷，却也没人能回答外国使臣提出的奇怪问题。过了几天，一个乡下人揭去这张告示，并向国王表示可以解答使臣的问题。

乡下人当着满朝文武大臣，一一揭开谜底。第一个问题，可以把大象牵到船上，看看船的吃水量，在船身刻上记号，然后，将大象换下，把石块放到和大象一样的吃水量，最后秤完石头的重量，那就等于大象的重量了。如何分辨子母马？用一堆草摆在两匹马面前，母马一定先让子马食用，只要先吃草的就是子马。而如何看出雌雄的蛇？只要把两条蛇摆到一个网子里，公蛇必定会骚动，而母蛇则安静不动，观察它们的动静，就能辨别雌雄。一瓶水如何成为大海？答案其实很简单，大海不也是从一滴水汇集而成的吗？把这一瓶水倒到海中，一瓶水即成为大海。

国王听完这个乡下人的话，惊叹不已，决定封官。乡下人表示，揭晓这些问题的是他年老的父亲："国王，老人随着经验的累积，充满人生的智慧。我不要将相的封诰，只希望国王能解除放逐老人的法令。"

弃老国，也因为一个老人的智慧，避免了一场战争的发生。在庆祝会上，国王向全国百姓道歉，并且解除"弃老"的命令，增加老人安养的种种福利。

世界是一半一半的，有白天有黑暗，有男人有女人，有快乐有痛苦，有儿童有老人。每个人从出生就开始迈向老年的路，有谁能够不老？"弃老国"的冷酷无情，被抛弃的是将来的我们，谁能幸免？

银发的智慧像丰沛的水库可以灌溉稻田，也像一座宝山含藏无尽的珍宝，等我们去挖掘。

偷瓜贼

因和果像一条锁链，紧紧相扣连接，彼此密不可分。

有一个人偷采别人田里的西瓜，被主人当场逮住，抓到衙门去。县老爷问话："你怎么可以偷人家的西瓜呢？"偷瓜贼回答："回县老爷的话，小的并没偷瓜。"县老爷抚尺一拍说："你这个油嘴滑舌的贼，明明偷人家的瓜，让主人逮个正着，还敢辩说没有偷瓜，你该当何罪？"偷瓜贼狡黠地回答说："他种的是苗，我采的是西瓜，苗与西瓜又不一样。"

聪明的县老爷揭穿偷瓜贼的诡辩，还是判这个偷瓜贼有罪，为什么呢？因为没有苗怎么能有西瓜呢？没有昔日辛苦的栽苗和灌溉耕耘，哪里有今日硕大汁甜的瓜果？

有的人，不重视因，面临不好的果报时，常常怨恨不平，为什么自己要遭受这种痛苦，却不肯追查原因，反省自身的言行观念，是否有调整修改之处。

因和果像一条锁链，紧紧相扣连接，彼此密不可分，苗和果实岂能分离为二？因果不是神祇用以威慑吓止世人的手段，而是人生运转的自然规则，如同虚空布满日月星辰，大地生长百花奇果。

生命里因果的汇合形成，就像汪洋大海，都是从水滴点点聚集所成。人缘的好坏、行事的违顺、感情的起灭，乃至一生的贫富差别，都归于“因地不正”。我们在“因”的土地上，没有播下善良美好的种子，哪里有丰硕收成的时节呢？

太阳的家在哪里

真理必须要普遍，所以“我的看法”、“我以为”、“我认为”，那都不一定是真理。

从前有两个小孩，一个住在海边，一个住在山边。

住在海边的孩子，逢人就说：“你知道太阳的家在哪里吗？在海底，因为每天到了傍晚的时候，太阳就回到他海底的家。”

另外一个住在山边的小孩，听了以后连忙说：“不是、不是，不是这样。太阳是住在我们的山后，你看！到了每天晚上，太阳就下山了。”

太阳在海底？太阳在山后？只因所见不同，立脚点不同，但是无论是在东南西北任何角落，所见仍是在不同立场上窥得的景象，并非事实的全貌。

过去，有一群瞎子摸象，有人说大象像个钩子，也有人说大象像支芭蕉扇、像个扫把、像面鼓、像条柱子……

虽然大象的鼻子像钩子，耳朵像芭蕉扇，尾巴像扫把，肚子像面鼓，腿像条柱子，但是大象究竟是长什么样子？还得睁开智慧的双眼才能看到。太阳的家在哪里？也必须要有智慧才能得知，太阳的家不在海里，也不在山后，就在太空里。小孩子的无知，犹如常人各设立场，对于真理的面目，对于整个的全景，不能清楚了解。

我们常看到有些人争执、吵架，公说公有理，婆说婆有理，为什么？各有立场。所谓“理”，不是在公说，不是在婆说，公理一定要平等，真理必须要普遍，所以“我的看法”、“我以为”、“我认为”，那都不一定是真理。

对于自我的立场，不要严格设限，对自己的认知，不要过份执着，对一切事物要能看得广、看得深，唯有广博的知识、深入的智慧，才能见得事理的真相。

毛二上吊

树立正确的价值观，才不至于在纷乱的信息丛林里迷失自己。

毛二总是认为自己的观点和做法才是正确的，任何事他一定要亲身体验过，才会相信。

有一次，村里的孙三上吊自杀。毛二听到消息后，对太太说："一条绳子真能吊死人吗？我实在无法相信。"太太随口说："你不相信，自己去看看就是啦！"听了太太这么说，毛二果真跑到孙三家一探究竟，证实孙三确实死了。

尽管如此，毛二还是心生怀疑，他决定晚上亲自试试。好不容易等到妻子儿女都入睡了，毛二蹑手蹑脚地走到客厅，将一条绳子拴在梁上，站上板凳，脖子往绳圈一套，双脚一伸。"啊唷……"毛二的脖子被绳子勒得难以呼吸，整个人悬在半空，慌张得乱踢蹬、猛挣踹。

房间里的太太被毛二挣扎的声音吵醒，出房门一看，吓得大呼救命。邻居闻声赶来，将毛二救下。谁知道，毛二竟然对大家说：“上吊虽然很痛苦，但是我发现一条绳子是吊不死人的。”

毛二拿自己的生命去印证一件错误的行为，看来愚痴，却引发我们思考一个问题：现代人对信息的接受程度及判断能力，是不是也失去了自己的立场？

如果盲随流行，没有自己的主张和正确的思考，不但没有益处，反而会形成错误的价值观，模糊自己的方向。像是媒体对自杀事件的大肆报道，引起社会一阵仿效风潮；像是学生在选择科系时，不清楚自己的兴趣和目标，一味跟从时下热门的科系、行业等等。

面对信息、面临选择，我们应该理智。心里有一把尺，能够明是非、知判断，清楚自己真正的需要和兴趣，树立正确的价值观，才不至于在纷乱的信息丛林里迷失自己。

石头能值多少钱

寻找了一辈子，终究有多少人真正认识到人生的价值？

“人生的价值究竟为何？”身而为人，大半都会有这样的疑问。我们活着，每天朝九晚五辛勤工作、求学，与人往来交际，成家立业，旅游各地，做慈善……通过不同的生活方式和目标去寻求答案，找到动力。寻找了一辈子，终究有多少人真正认识到人生的价值？

其实，人生的价值无法估计，更没有一个定论，怎么说呢？有一个网络故事可以说明。

一个弟子问他的师父：“人生的价值是什么？”

师父不直接回答，只是叫他拿一块石头到集市去，并交待他让人出价就好，无论出价多少都不要卖出去。弟子听从师父的吩咐到集市上。一块石头，有人出价两块钱，有人出价五块钱……一群人七言八语往往来来，最高也只是出价到十块钱。弟子回到寺院后，把在集市上的情况一五一十告诉师父，师父笑说："很好！你现在再到黄金市场去，还是一样只让人出价就好。"

弟子带着石头又跑到黄金市场。原来在集市上出价到十块钱的石头，这会儿竟然出价到一千块，一万块，甚至有人出价到十万块，这样的结果让他既惊讶又兴奋，不顾现场还有人扯破喉咙叫喊，他早已带着石头奔回寺院。

"师父，师父，这块无用的石头竟然有人要用十万块买它呐！"还没到门口，他便大声嚷叫了。面对欢喜雀跃的弟子，师父还是说："你再把它拿到珠宝市场去，记得只估不卖。"

兴奋不已的弟子心情高昂地到珠宝市场估价，这次更是让他意外了，市场上的顾客一开口就是二十万，五十万，但不论价格如何飙高他就是不卖，结果竟有人出价一千万要他卖，他也只能无奈回答："我师父说不许卖的。"

回到寺院，他对师父说："珠宝市场上竟然有人出价到一千万呢。"师父这才拿起石头说："同样的石头之所以在集市、黄金市场、珠宝市场会有不同的估价，是因为人的眼光不同，水准不同。你问我人生的价值是什么，我无法告诉你，因为那取决于你用何等的眼光看待自己的人生。”

人生的价值究竟为何？那得看我们要把自己的“人生”放在集市，放在黄金市场，还是放在珠宝市场上去“估价”了。

过河拆桥

有创意，快乐、动力、希望便能源源不绝。

有一家公司招考公关人员，应征者有五百多人。其中一则考题是："为什么有些人喜欢过河拆桥？"

前十名成绩最好的试卷中，多半抨击过河拆桥的人忘恩负义，虽然文情并茂，却引不起老板注意。有一位应考者的答案是："如果前有大河，后有追兵，我们就得过河拆桥，防止敌人跟上来。"老板的评语是："头脑灵活，准予录用。"

后来又从落选的试卷中，发现另一应考人的答案是："过河拆桥的原因是，前面还有河，需要使用仅有的材料继续造桥。"老板欢喜地表示："这是最有创意的答案。"

创意，让人类进步，让世界活跃。你看，因为创意，我们才能上知天文，下知地理；因为创意，人类才能创作出各式各样的音乐、戏剧、绘画、服饰、运动、职业,我们的人生因此多姿多彩,更具活力。

创意,是思考不被局限,勇于挑战传统,大胆走出过去。所以,生活中有创意,才不会愈活愈乏味;企业有创意,才有前途和远景;老师有创意,教学才不致索然无味;作家有创意,才能创作出读者感兴趣的作品。有句话说“鱼在水里吐泡,打破水面平静”,有创意,快乐、动力、希望便能源源不绝。

创意并不一定是与生俱来,创意是可以培养的。平时多思考多观察,对事多提问多了解,凡事多关心多留意,我们的思维自能超越既定的框架,时时推陈出新,伸出一个个有创意的触角。

老婆婆的鼻子

宇宙世间事事物物，都是因缘聚集而有的。

在一个乡村地方，有个信佛虔诚的老太婆，听说念经很有功德，便请一位教书的老先生教她诵念《心经》。这位好心的老先生，不但教她念，还逐字作解释。老太婆学会后，每天都在佛前恳切诵念。

有一天，老太婆念到“无眼耳鼻舌身意”这一句时，忽然心生疑惑，她用手摸摸自己的眼睛，拉拉自己的耳朵，再压压自己的鼻子，这一下子她糊涂了。心想，眼睛、耳朵、鼻子不都在吗？怎么说“无眼耳鼻舌身意”呢？为了弄明白这疑窦，她找了老先生，指着自己的眼睛，问道：“老先生！这是什么呢？”

老先生答道：“眼睛。”

老太婆又拉拉耳朵问道：“这是什么？”

老先生奇怪地说：“耳朵。”

老太婆又指指鼻子，问道："这个又是什么？"

"鼻子嘛！"老先生有点不耐烦地说着。随即说道："上次教你《心经》时，不都读过这些东西吗？"

老太婆这才说："对啊！我就是来问你这件事，《心经》上说无眼耳鼻舌身意，可是眼睛、耳朵、鼻子不都明明在这儿吗？"

教了几十年书的老先生，被不识字的老太婆这么一问，竟也瞠目结舌，无以作答了。

一般人以为眼睛、耳朵、鼻子都是实在的东西，却不知六根都是因缘和合而成，只是一种形质的假合，没有实体实相，所以《心经》上说"无眼耳鼻舌身意"。不只六根，宇宙世间事事物物，都是因缘聚集而有的，所谓"缘聚则生，缘散则灭"，暂时的假相，暂时的存在而已，所以说"四大本空，五蕴非有"。

然而，一般人仍惯于执物为实有，看不透因缘和合的假相，为着世间种种，贪爱不舍、忧悲苦恼；多少人沉醉于逝去的欢乐和痛楚、贪爱着青春美貌、盲目于工作情爱、争逐名利财色、放不下权势名声、迷惑在变化万千的现象中……多少人为"暂时的假相"庸庸碌碌，蹉跎了一生。所以憨山大师写下："万籁寒虚寂，诸缘露本真。

从来声色里，迷误许多人。”

何不善用、善观世间一切，在五欲六尘里，找到自己真正的趣向与定位，做一些利人利己的事业，安安稳稳、自自在在过一生，不是很好吗？

不识自家宝藏

有形的宝藏随时可能失去，生命的宝藏却是取之不竭、用之不尽的。

有一个小偷，专门趁别家没人或深夜时下手偷窃。他潜入房舍的方式常有不同：有时是慢慢地打开大门直接进去，有的时候从侧边钻墙凿洞而入，有的时候更是破窗而入。这天，小偷又到某家行窃，主人听到声音，慌张地躲到衣橱里。小偷一进屋子，立刻熟练地翻箱倒柜，然而整间屋子都要翻过来了，还是找不到一丁点值钱的东西。最后小偷打开衣橱，发现主人藏在里面，双方都因此吓了一跳。

小偷怪主人："你是主人，干嘛要躲起来？"

主人搔着头说："对不起！我家徒四壁，无颜见你，所以就躲在橱子里。可你还是不肯饶过我，硬是把我找出来。"

“奇哉！奇哉！大地众生皆有如来智慧德相……”佛陀当初悟道时的慨叹，在这则故事中作了最透彻的表达。真如佛性每个人本自具足，遗憾的是，能够明白这个道理的人鲜少，如同故事中的小偷和主人不识自家宝藏，不是向外求取，而是羞于见人。

我们是否认识到，一个人虽然没有金银财宝，若品行端正、博学多闻、与人为善，具慈悲有道德，甚至有正确的信仰，时时说好话、做好事、存好心，自然处处受人尊敬、赢得人心，何必把自己看成是一个贫穷的、一无所有的人呢？故事中的小偷能以自身的聪明才智穿墙凿壁、破窗入屋，却不知用来谋生、创业；他费尽心机偷窃，殊不知偷尽世间财宝，却忘失了自家珍宝。

有形的宝藏是五家共有，水、火、官家、盗贼、败家子，随时可能失去，生命的宝藏却是取之不竭、用之不尽的。何苦一生汲汲营营于让我们忽悲忽喜、忘我忘人的财宝，而放弃那大片金光显耀、光可鉴人的自家宝藏！

求人不如求己

人必自助，而后人助之；人必自尊，而后人尊之。

修持净土法门的行人，喜欢拿着念珠念佛，念一声佛号，就拨动一粒念珠。曾有人问我："依你看，观世音菩萨手上拿一串念珠，究竟是在念什么呢？"

有一天，佛印禅师与苏东坡散步途中，一尊马头观音石像屹立在旁。佛印禅师向观音合掌礼拜，苏东坡不解："我们手持念珠，念观世音菩萨，观世音菩萨手持念珠，又要念谁？"佛印禅师说："念观世音！"苏东坡问："观世音菩萨为何要念自己？"佛印禅师答道："求人不如求己。"

念观音，拜观音，不如自己做观音。学佛修道就是要皈依自己，相信自己，肯定自己，因此黄檗禅师说："不着佛求，不着法求，不着僧求。"佛法千经万论，无不是讲"自依止，法依止，莫异依止"。肯定自己的清净本性，肯定自己就有三宝力量，人人都有佛性，人人都是观世音，人人都是观自在，不需懦弱自卑，那么生活中处处事事都能自在无罣碍。

然而，我们常常忘失自己，为环境，为钱财，为情爱，为名利地位，为人我相处，乃至为一句话，一个眼神，一个不如意迷失自己，失却人生的意义与价值。

有句话说："人必自助，而后人助之；人必自尊，而后人尊之。"何不学习观自在菩萨的慈悲力、智慧力、威神力，求人不如求己；一切善恶顺逆，是非好坏，只要一心自在，何愁乌云密布呢？

心外点灯

修行应在心上用工夫，将一切狂心、妄心、嗔心、痴心、慢心净化。

有一个沙弥日日精进办道，诵经拜佛、洒扫庭院、行堂典座、司钟鼓，无不用功修行。尽管如此，他仍是妄念纷飞，心不安定。修行使不上力，于是决定请教师父。

“师父！为什么我日日精进修持，还是一样无法安住呢？”沙弥垂头丧气地站在师父跟前。

师父瞪大着眼：“为什么不点灯？”

沙弥遵照师父的指点，凡是做了一个功课，造一个功德，便在大殿点上一盏灯。如是一年过去，沙弥还是无法安住身心，于是又问师父：“师父！我的心还是找不到归趣，请师父为我指迷。”

师父微笑望着沙弥，说：“因为你只在心外点灯。”

沙弥先是一怔，随后放声大哭起来，把殿外停在树梢的麻雀惊得四方飞散。

修行究竟如何用功?《心地观经》有说:“三界之中,以心为主,能观心者,究竟解脱,不能观者,永处缠缚。”倘若只在心外求解脱,整日指责这人不如法,那人不应该;这碗饭不合胃口,那个工作不适合我。纵使礼佛千万拜,念佛千万声,依然心不安定。六祖大师不也说:“菩提只向心觅,何劳向外求玄。”

《景德传灯录》中,一则腾腾和尚的《了元歌》直截道出:“修道道无可修,问法法无可问。迷人不了色空,悟者本无逆顺。八万四千法门,至理不离方寸……”修行应在心上用工夫,将一切狂心、妄心、嗔心、痴心、慢心净化,无垢无染时,自然心灯万丈,心灵澄澈清明。

活在希望里

希望不是消极的等待，而是主动的创造。

有两个死囚在要执行死刑之际，其中一个死囚忽然大叫："现在就让我死，多可惜啊！我能在一年之内，把国王心爱的白马训练到会飞。"狱卒把这件事报告给国王，国王知道后随即下令说："将他的死刑延期一年，让他训练白马，看看是不是真的能飞。"因此只枪决另一个死刑犯。旁边的人知道这件事，就跟他说："你怎么可以讲这样的话，马怎么能飞呢？"

这个囚犯回答："你们不懂，这样说，我的人生就充满了希望。你想，在这一年之内，国王可能会死，国王死了，也许我就能够得到特赦。第二，如果我自然死亡，那比被枪决要好得多。第三，白马也可能会死，马死了也不能怪我。第四，或许我真能把白马训练到会飞。只要心存希望，我的人生就是美好的，总比被绑赴刑场执行枪决要好得多。”

确实，人生在世上活着的意义是什么？就是活在希望里，人生要活出希望才有意义、才能美好。我们每天也要活在希望里，好比我希望把工作做得更好，我希望我的能力有所增长，我希望我的家庭和谐、父母健康、朋友诚信，我希望事业顺利、国家兴隆、世界太平……人有希望就会过得有活力。

希望是什么呢？希望不是消极的等待，而是主动的创造。怀抱希望的人，心中有具体的目标和理想，因而能奋起朝前迈进，心智也能随着经验、历练成长，生命自然蓬勃发展。所以哪怕是一线希望，都值得我们好好珍惜，都要好好掌握。

哥哥爸爸真伟大

要让小孩子拥有一颗感恩惜福、善体人意的心。

台湾早期流行一首儿歌，叫作《哥哥爸爸真伟大》。我觉得这首歌的诠释不很恰当。为什么呢？在小孩的心中，哥哥爸爸之所以伟大，是因为向他们要钱就有钱，要糖果就有糖果，要买什么就有什么，所谓“衣来伸手，饭来张口”。但是，有的哥哥爸爸并不伟大，因为他们没有钱买东西给儿女，无法满足儿女物质上的需求，最后孩子无钱可用，只好去偷，偷不到就抢，导致种种错误的行为，人生也就这样毁于一旦。

如果这首歌能改作“爸爸妈妈很辛苦”，在教育儿童上，应该会比较适当。让孩子了解到爸爸妈妈真辛苦，为了让我安心读书、给我过好日子，不畏辛苦地工作赚钱，现在的我无以回报，只希望自己快快长大，将来有能力分担爸爸妈妈的辛劳。

现在的父母一味满足儿女物质上的需求，忽略了给予价值观的建立，以致儿女骄纵任性、予取予求。

假如在孩子小的时候就能教育他们“学习接受”，接受任何顺逆环境；“学习体谅”，体谅父母的辛苦；“学习感恩”，感恩父母的教养，乃至学习慈悲待人，学习回馈社会，学习孝养父母……从小树立孩子正确的价值观念，将来长大必能以健全人格迎向社会。

因此，哥哥爸爸不一定要伟大，重要的是要让小孩子拥有一颗感恩惜福、善体人意的心。

金钱之外

目光如豆，容易使我们的视野、心量变得狭隘；目光如炬，才能看见事物真正的价值所在。

有一位社会名士，在台北道场为已故的亲人举行佛事。佛事圆满后，他拿了一包钱供养常住，并希望我当面接受。我对他说："金钱，有时可以交换物质，有时可以用劳力换取，甚至有时看在人情、道义的份上，给予金钱上的帮助。但是除了道义、人情、力量、物质以外，就没有其他比金钱更有价值的东西吗？"

金钱的帮助是有限的，凡事不一定只有金钱才能解决问题，有时一点心意，要比金钱更为宝贵。像现在常常有人一谈到宗教，单看它金碧辉煌、雕梁画栋的殿宇，即断定这个寺庙很有钱，却看不到宗教之于人类、社会、国家的价值及利益。其实宗教有钱是社会的福气，像西方人不会去看天主教梵帝冈有多少财产，而是看天主教替社会办教育、办学校、建医院，及急难救助等社会、慈善事业。同样地，佛教有钱也能为社会做很多好事，可惜的是现在有许多团体，打着宗教的旗帜做非法之事，令人不胜唏嘘。

目光如豆，容易使我们的视野、心量变得狭隘；目光如炬，才能看见事物真正的价值所在。谈到宗教，不应只看有钱没钱，而要看到金钱之外；要看它传教的功能，看它对社会的贡献，看它救人救世的事业，看到金钱之外更有价值的内涵。

随时欢迎你回来

心量有多大，成就有多大。

中尾哲二郎原来在大阪一家电器模型厂工作，虽然点子很多，能力很强，却被老板视为问题人物。有一天，老板与同行松下交谈时抱怨中尾，松下说："让我来用用看吧！"

中尾自幼父母双亡，小学毕业后，就到工厂当学徒，利用晚上时间到夜校进修。进入松下电器后，由于工作卖力，不计名利，深得松下器重。一年后，中尾突然向松下辞职。原来，以前抚养他的老主人的儿子在东京开新工厂，来信请他去帮忙，为报老主人养育之恩，中尾打算不计一切回去协助。将离开时，松下为中尾办了一场盛大的欢送会，并且说："万一工作不顺利的话，松下电器随时欢迎你回来。"

中尾到了小主人的新厂后，生产一种用于收音机的检波器，并委托松下电器代销。由于当时收音机并不普及，所以只生产检波器无法维持工厂开销，中尾只得苦撑。松下得知后，决定将公司铁器部分的工作包给中尾的工厂去做，以稳住局面。后来中尾又回到了松下历任要职，最高担任松下电器的副社长，并担任最高技术顾问。

工商社会用人，有的看利益，有的看人情，有的看才华，有的看品行，有的看能力。一个公司的发展，是蓬勃壮盛，还是衰败平庸，“人”是关键。而人才哪里来？就看领导者识人的眼光，就看领导者的胸襟和处事。

“心量有多大，成就有多大”，看松下的用人之道、管理之学，便足以明白。

救心

挣脱内心的牢狱，为自己换来平安和幸福。

多年前，我初到台湾，没有自己的寺院道场，只要有人需要佛法，我便不分是闹市或是深山，都肯发心前往传教。那时候，我一个月中，乘着平快火车，北至宜兰，南至凤山，南北往返的次数不计其数。虽然十几个小时的车程，舟车劳顿，但我甘之如饴，常常利用乘车的时间，看自己喜欢的书，或是勾画未来佛教的蓝图。

有一次，我乘着平快火车，有一位年轻人神情慌张地跑来坐在我的旁边，一会儿两个警察也直奔过来，在我还没有会意时，身边的年轻人对我说："你的念珠借我。"警察到了我的座位前，怀疑的端详他，彼此小声地商讨着："好像是他吧！""应该不是他，你看他是个吃素的人，拿着念珠不停地念佛。"

两个警察走了以后，他把念珠还给我，看我是出家人，比较放心，就主动告诉我实情。他刚刚在候车室，偷了人家的钱，被警察发现了，他只得跳上这班火车逃匿。他向我不断感谢说："谢谢你的念珠救了我。"我回答他："我的念珠也只能救你一时，但不能救你的心。如果你偷盗的心不肯改正，以后还会有警察来抓你。"

他听了我的话，表情诧异，静静地站起来，走到前面的车厢，向警察告白认罪。在下一个停靠的车站，他伫立在我的窗前，双手被手铐锁着，我推开车窗向他说："恭喜你重生了！得到心灵的自由。"

这段火车上的奇遇，还有后续的发展。过了几年，我在宜兰雷音寺再度和他重逢，他带着新婚的太太，满是喜悦的神采对我说："感谢你救了我的心，也救了我的一生。我听你的话，心甘情愿的接受牢役，现在有了工作和家庭，生活过得安心自在。如果当时没有你的一席话，即使我逃得了一世，却永远住在心的牢狱，得不到平安和幸福。"

人非圣贤，孰能无过？佛经上说，世间上有两种清净人，一种是断除诸恶的圣贤；一种是犯错改过的人。这两种人，同等尊贵，同等清白。

承担自己的错误，勇于修正改过，就像这段火车奇遇记的年轻人，救自己的心，挣脱内心的牢狱，为自己换来平安和幸福。得到人生的幸福者，运气只是一时，靠的是我们大无畏的勇气。

儿女不是父母的奴隶

儿女不是家庭的奴仆，儿女是国家、社会的人才。

我一生提倡孝道，对于母亲虽然不敢自称是孝子，但也尽量孝顺奉养。佛教中，目犍连尊者到地狱里救母，为人称道；释迦牟尼佛为父担棺，为母亲到忉利天说法的事迹，更传为美谈；佛经中更时有强调孝顺的重要性。由此可见，佛教是一个重视孝道的宗教。

四十几年前，台湾澎湖有一名十七岁的女孩，才思敏捷，辩才无碍，可以登坛传教说法。见她颇有才气，觉得值得栽培，我鼓励她到佛光山就读佛学院，但是她的父亲却以照顾重病的祖母为由，不愿意让她离家求学。她也心甘情愿，无微不至地照料祖母直至往生，但时间却已逝去近二十年了。年已三十五六岁的她，我仍然鼓励再去读书进修，然而她的父亲却又希望她留下来，照顾患有精神病的婶婶。就这样，她的一生在照顾两个病患中度过了！

家庭里的老人和病患，需要给予关心照顾，但应该是家庭中每个成员的责任。儿女不是家庭的奴仆，儿女是国家、社会的人才，父母有义务培养儿女，儿女也有义务孝顺父母，但是不能把家庭的所有问题，让一个孩子来承当，埋没他们的一生。

由佛教的观点来看，孝顺分为三种层次：一般的甘旨奉养父母，使父母免于饥寒，只是小孝；功成名就、光宗耀祖，使父母光彩愉悦，是为中孝；引导父母趋向正信，远离烦恼恶道、了生脱死，使宗亲得度，永断三涂辗转之苦，才是上上大孝。所以，我们要将孝顺的意义与层次提升、净化，让孝道更合理、合法、合情。

火场逃生

世上的万事万物都是依因待缘而聚合，都依着相互的关系而存在。

有一栋房子失火，屋子里面有三个人，一个是聋子，一个是瞎子，一个是跛子。这三个人都要逃难，但怎么做才能逃过这场灾难呢？他们三人就通力合作，瞎子背着跛子，聋子搀着瞎子，由跛子负责指路和呼救。就这样三个人一条心，安全地逃出火场。

故事中的跛子、聋子、瞎子，就如同佛教提出的“因缘”；世上所有的事物，都是因缘合和而成，相互依存而生，没有一样东西是可以单独存在，这是宇宙人生不变的真理。以花朵为例，花之所以能够绽放，不但事先要有因——种子，还要有缘——土地、水分、阳光、空气等等，众缘和合，才能开花结果。

还有我们居住的房子，不光是有砖头、水泥就可以建造一栋房子，还必须要有瓦片、钢筋、木材、铁钉、玻璃等等材料，加上人的智慧巧思及工匠技艺，才能遮风避雨、坚固耐用。

而四大五蕴结合的人身，骨头、皮肉、毛发、呼吸、体温、唾液等等，缺一不可，只要少了一样东西，人就不能存在，只要一些因缘不协调，身体就有毛病。佛教所谈的因缘法则说明，世上的万事万物都是依因待缘而聚合，都依着相互的关系而存在，因缘就是真理。

深入因缘底层，透视万法本末，再回归于人生，观照人事物一切：要感谢因缘，要培养因缘，平时缘结得广，处事自然顺利方便。日常行事当中，再也没有比结缘更重要的了。我们常说“团结就是力量”，就是说明和合、凝聚便能存在，如同聋子、瞎子、跛子这三个人，因为互相帮助，互相合作，才能顺利逃出火窟。

有与无

对宇宙世间的执有、执无，说有、说无，都是落入对世间进行二分法的执取。

有一位信徒问智藏禅师："请问禅师，有没有天堂地狱？"

智藏禅师说："有啊！"

信徒又再问："有没有佛、法、僧三宝？"

"有啊！"

"有没有善恶因果报应？"

"有啊！"

不管问什么，智藏禅都回答"有"。

这个信徒不解的对智藏禅师说："你都回答有，是不是不究竟？"

智藏禅师说："难道你有另外的佛法吗？"

信徒回答说："我在金山禅师那里，所听到的不是这样。”

“怎么样?”

“我问他,有没有天堂地狱?他说无;我又问他,有没有佛、法、僧三宝?他也说无;我又问他,有没有因果报应?他也是说无。他的境界很高,都是无,你怎么都说有呢?”

智藏禅师说:“我来问你,那个金山禅师有没有妻子儿女呀?”

“没有。”

他有没有庭园舍宅?”

“没有。”

“有没有黄金财宝?”

“也没有。”

“所以金山禅师跟你讲无。我再问你,你有没有妻子儿女?”

“我有啊!”

“你有没有庭园舍宅?”

“有啊!”

“你有没有黄金财富?”

“有啊!”

“所以我跟你讲有啊!”

世间的道理,说无、说有都是对的,有和无一体两面,从“无”来看,或是从“有”来看,但看吾人的看法与见解。对宇宙世间的执有、执无,说有、说无,都是落入对世间进行二分法的执取。《般若心经》谈到:“空即是色,色即是空。”意即精神是物质的内涵,物质是精神的功用,两者之间是一种相依相待的关系。

学佛,甚至对任何一件人事物的评判,不须在“有无”上推敲,分别计较,当要“两头共截断,一剑倚天寒”,行于中道才是。

博士弟子

做任何事情，都要多为别人着想，给别人欢喜。

为了培育更多佛门龙象，我鼓励一些徒众到世界各国的大学读书。其中有一位依法法师，从台大法律系毕业不久，常住就送他到夏威夷大学深造，获得硕士学位之后，接着又赴耶鲁大学攻读博士学位。我每次见他放假回山帮忙，总是向大家介绍："准博士依法法师回来了。"只见他一脸笑容，信心十足。

那年，他真的获得博士学位了，当他前来向我销假，我说："来，你坐。"他说："报告师父，我已经得到博士学位了，以后师父要吩咐我做什么？"我立刻说："要学习做人。"

我之所以对他这么说，是因为看到现在很多高等学历的知识分子，学问很好，却不会做人。我觉得宁可以学问不好，也要把人做好。

做人要怎么做呢？人，儒家提倡“仁”。一个“人”字旁，有个“二”，也就是有“两个人”，明白人外有人，懂得尊敬他人，主动帮助他人，诚心对人友好。时时想到他人需要什么，而不是心心念念都是自己，以自我为中心：我有、我要、我爱、我的，只要我欢喜有什么不可以。其实，“只要我欢喜”就有很多不可以，也要顾及他人欢喜或不欢喜。

做任何事情，都要多为别人着想，给别人欢喜。做儿女的要讨父母的欢喜，做媳妇的要讨公婆的欢喜，做朋友的要讨朋友欢喜，甚至于做个老师、做个学生，都要互相讨彼此的欢喜。懂得让别人欢喜，是真正懂得“做人”。